FLORÉAL
FLOREAL

Au Paradis des Fleurs
Paraíso de las Flores

Français / Espagnol
Francés / Español

EFL

FLORÉAL
FLOREAL

Au Paradis des Fleurs
Paraíso de las Flores

Florilège de poésie
Florilegio de poesía

En application de l'art. L.137-2.-I. du code de la propriété intellectuelle, toute reproduction et/ou divulgation de parties de l'œuvre dépassant le volume prévu par la loi est expressément interdite.

En aplicación del artículo 138 de la ley de propiedad Intelectual, cualquier reproducción y/o divulgación de partes de la obra que exceda el volumen previsto por la ley está expresamente prohibida.

© 2025 Edmond Frédéric Largeau
© 2025 EFL
Édition : BoD · Books on Demand,
31 avenue Saint-Rémy, 57600 Forbach, bod@bod.fr
Impression : Libri Plureos GmbH,
Friedensallee 273, 22763 Hamburg (Allemagne)

Illustration couverture: Photographie d'une prairie de némophiles
Ilustración de la portada: Fotografía de un prado de nemófilos
ISBN : 978-2-3225-5521-5

Remerciements
Agradecimientos

À ma mère, Jeannine
A mi madre, Juanita

À ma famille, à mes amis
pour leurs soutiens et encouragements
A mi familia, a mis amigos
por sus apoyos y ánimos

À mes amis poètes, aux lecteurs
A mis amigos poetas, a los lectores

Au petit jour qui perlait

L'aube faisait surgir l'apparence fantôme
Des arbres, des buissons, de brumes auréolées
Tandis que le brouillard s'étalait sur les chaumes
Décrivant sur les eaux un étrange ballet

Des étangs s'exhalaient les fumées vaporeuses
Au petit jour qui perlait, tentant se dévoiler
Le soleil se levait sur la canopée frileuse
Tirant de son carquois d'étincelants rayons

Sur les terres dardait sa clarté chaleureuse
Une douce tiédeur courait sur les sillons
Au petit jour qui perlait sur la sylve heureuse
Du matin automnal retirant ses haillons

La forêt se parait des ors et émeraudes
La nature offrait un chant aux notes chaudes…

Al pequeño día que perlaba

El alba hacía surgir la apariencia fantasma
De los árboles, los matorrales, de brumas aureoladas
Mientras que la niebla se extendía sobre los rastrojos
Describiendo sobre las aguas un ballet extraño

De los estanques se exhalaban los difusos vapores
Al pequeño día que perlaba, tratando de revelarse
El sol se alzaba sobre la copa temblorosa
Sacando de su aljaba rayos centelleantes

Sobre las tierras lanzaba su claridad cálida
Una suave tibieza corría sobre los surcos
Al pequeño día que perlaba sobre la feliz selva
Del amanecer otoñal desprendiéndose de sus harapos

El bosque se adornaba de oros y esmeraldas
La naturaleza ofrecía un canto de notas cálidas...

Je suis... au paradis des fleurs

La goutte d'eau cristal qui tombe dans la mer
Le grain de sable blond qui dort dans le désert
Le souffle imperceptible qui vibre au fond de l'air
La braise du volcan qui jaillit de la terre

L'écume de la vague qui berce l'océan
L'étincelle de vie qui surgit du néant
La seconde qui court sur l'aiguille du temps
L'étoile solitaire qui brille au firmament

L'arpège de la gamme qui glisse sous mes doigts
L'insaisissable point qui s'est posé sur joie
La feuille d'or qui meurt sur le sentier du bois
L'ombre de mon amour qui marche près de toi

Je suis... finalement
Au paradis des fleurs
Apportant le bonheur

Tout petit de l'infiniment **grand**...

Estoy... en el paraíso de las flores

La gota de agua cristalina que cae en el mar
El grano de arena rubia que duerme en el desierto
El soplo imperceptible que vibra en el fondo del aire
La brasa del volcán que brota de la tierra

La espuma de la ola que agita el océano
La chispa de vida que surge de la nada
La segunda que corre sobre la aguja del tiempo
La estrella solitaria que brilla en el firmamento

El arpegio de la gama que se desliza bajo mis dedos
El punto esquivo que se posó sobre la alegría
La hoja de oro que muere en el sendero del bosque
La sombra de mi amor que camina a tu lado

Estoy... finalmente
En el paraíso de las flores
Trayendo la felicidad
Pequeñito del infinitamente grande...

Symphonie des fleurs d'été

Hendécasyllabe

Sous le ciel azuré par souffle d'été
S'épanouissent les joyaux éphémères
Les pétales fragiles des fleurs lumières
Dansent sous la brise en tempo enchanté

Le coquelicot en tenue embrasée
S'incline devant les tournesols fiers
Ces beautés dorées, couronnes nourricières
Se tournent toujours vers un soleil braisé

L'abeille vibre, messagère dorée
Sur les pétunias, corolles velours
Récoltant pollen et nectar adoré

À la tombée du soir la rose s'endort
Les fleurs se fanent mais l'été se savoure
Au cœur des beaux jardins tel un doux trésor...

Sinfonía de las flores de verano

Bajo el cielo azulado por soplo de verano
Florezcan las joyas efímeras
Los pétalos frágiles de las flores luminosas
Bailan bajo la brisa en un tempo encantado

La amapola en traje encendido
Se inclina ante los girasoles orgullosos
Esas bellezas doradas, halo nutitivo
Siempre se vuelven hacia soles braseados

La abeja vibra, mensajera dorada
Sobre las petunias, corolas de terciopelo
Recogiendo polen y néctar adorado

Al caer la tarde se duerme la rosa
Las flores se marchitarán pero el verano se saboreará
Dentro del hermoso jardín como un dulce tesoro...

J'ai cueilli

« Seul le silence est grand » a dit le solitaire
Mais libérer l'esprit est parfois salutaire
De diverses façons

J'ai cueilli quelques fleurs des valleuses marines
Des robustes chardons mais aussi des églantines
Au revers des buissons

Avec des boutons d'or et d'humbles pâquerettes
Du sureau odorant et de rustiques clochettes
Mêlés à des ajoncs

Bouquet pris au hasard tout hérissé d'épines
D'un poète songeur qui lentement chemine
« Sans rime ni raison »...

He recogido

" Solo el silencio es grande " dijó el solitario
Pero liberar el espíritu es a veces provechoso
De diversos modos

He recogido algunas flores de las valles marinas
Robustos cardos pero también zarzarrosas
En el reverso de los arbustos

Con los botones de oro y las humildes mayas
Del saúco aromático y con rústicas campanillas
Mezclados con tojos

Ramo aleatorio todo lleno de espinas
De un poeta pensativo que lentamente camina
" sin ton ni son "...

Vive les Couleurs

Vive les couleurs des fleurs de chaque saison
Des arbres, des oiseaux, des forêts de lumières
Des prés, des champs qui s'habillent de mille tons
Des aurores dorées du soleil qui éclaire

Vive le bleu du ciel profond qui peint le cœur
De bouquets fleurissant comme un jour de printemps
Qui se font déjà beaux tout parés de couleurs
Des parfums, des espoirs dès le matin chantant

Vive l'or rosâtre des heures matinales
Berçant de douceur le cœur et l'âme du ciel
Montrant au tout premier jour sa splendeur corréale
Coloriant l'horizon d'un charme sans pareil

Il y a tant de belles couleurs à offrir
Aimer les fleurs qu'elles soulèvent au fond de nous
De si jolis éclats que le cœur va chérir
Comme des points d'amour si rares et si doux...

Viva los Colores

Viva los colores de las flores de cada estación
De los árboles, de los pájaros, de los bosques de luces
De los prados, de los campos que se visten de mil tonos
De las auroras doradas del sol que ilumina

Viva el azul del cielo profundo que pinta el corazón
De ramos floreciendo como un día de primavera
Que ya se engalanan, cubiertos de colores
De perfumes, de esperanzas desde la mañana cantando

Viva el oro rosado de las horas matinales
Arrullando con dulzura el corazón y el alma del cielo
Mostrando al primer día su esplendor coral
Coloreando el horizonte con un encanto sin igual

Hay tantos bellos colores para regalar
Amar las flores que despiertan en lo profundo de nosotros
De tan hermosos destellos que el corazón va a atesorar
Como puntos de amor tan raros y tan dulces...

L'Accacia en fleurs

À l'ombre de l'accacia en fleurs
Le temps qui coule à mille saveurs
Assise sur le vieux banc de pierres
Avec dans les mains un bréviaire
La nonne entrevoit les rais du soleil
À travers les feuillages vermeils

À l'ombre de l'accacia en fleurs
Le temps qui coule à mille saveurs
D'ailleurs comme un enchantement
Qui illumine la nonne religieusement
L'âme en profond recueillement
Elle médite en lisant doucement

À l'ombre de l'accacia en fleurs
Le temps qui coule à mille saveurs
Tel un long linceul de pensées
Quand son or vient la toucher
Les essences délicates la parfument
Et la flamme de sa foi se rallume

À l'ombre de l'accacia en fleurs
Le temps qui coule à mille saveurs
La nonne avec son âme en prière
Assise sur le vieux banc de pierres
Dépose sur la page de son coeur
La plénitude et une brassée de fleurs...

La Accacia en flor

A la sombra de la acacia en flor
El tiempo que fluye a mil sabores
Sentada en el viejo banco de piedras
Con un breviario en la mano
La monja entrevé los rayos del sol
Por el follaje bermejo

A la sombra de la acacia en flor
El tiempo que fluye a mil sabores
Además como un encantamiento
Que ilumina religiosamente a la monja
El alma en profundo recogimiento
Ella medita leyendo suavemente

A la sombra de la acacia en flor
El tiempo que fluye a mil sabores
Como una larga capa de pensamientos
Cuando su oro la toca
Las esencias delicadas la perfuman
Y la llama de su fe se enciende

A la sombra de la acacia en flor
El tiempo que fluye a mil sabores
La monja con su alma en oración
Sentado en el viejo banco de piedras
Coloca en la página de su corazón
La plenitud y un revolcón de flores...

Albizia emparadisé

Sous le ciel d'été un Albizia se pare
De fleurs roses suaves comme des nuées
Mille plumeaux entre les feuilles sinuées
Égayent un ballet aérien et rare

Les étoiles de soie dans la brise irisée
Ondoient, ondulent sur le charme de l'ombrelle
Autant de lueurs d'âmes emparadisées
Rendent un dive honneur à la grâce éternelle

Sur chaque branche éclos un pompon duveté
Un cadeau fleuri offert dans l'amour de l'art
Où ses fleurs coton prient à la sérénité

Dans cet écrin l'arbre à soie où le hasard
Peint son doux reflet floripare dans la mare
Resplendit au ciel, comblé de prospérités…

Albizia en el eldorado

Un Albizia se adorna bajo el cielo de verano
De flores rosas suaves como nubes
Mil plumeros entre las hojas sinuosas
Alegran un ballet aéreo y raro

Las estrellas de seda en la brisa irisada
Ondeando, ondulando sobre el encanto de la sombrilla
Tantos destellos de almas siendo en el nirvana
Hagan un profundo honor a la gracia eterna

En cada rama brota un pompón mullido suave
Un regalo florecido ofrecido en el amor por el arte
Donde sus flores "algodón"rezan a la serenidad

En este recinto "el árbol de seda" donde la casualidad
Pinta su dulce reflejo florifero en el estanque
Resplandeciente en el cielo, lleno de prosperidad...

Albizzia

Amborella

Amborella séculaire

Villanelle

L'Amborella déploie ses richesses
Dans la forêt où l'ombre s'étend
Fleurs serties d'or couleur Antarès

Quand s'essaiment prestige et tendresse
Dans la pénombre d'arbres géants
L'Amborella déploie ses richesses

Révélant son âme et sa jeunesse
Au faciès d'un printemps florissant
Fleurs serties d'or couleur Antarès

Mémoire d'un baiser de déesse
Qui préserve un secret flamboyant
L'Amborella déploie ses richesses

Aux lèvres du vent qui la caresse
Le pétale d'orfèvre est brillant
Fleur sertie d'or couleur Antarès

Au cœur d'un milieu pétalisant
L'Amborella déploie ses richesses
Dans la pénombre d'arbres géants
Quand s'essaiment prestige et tendresse
Dans la forêt où l'ombre s'étend…

Amborella secular

Villanelle

El Amborella despliega su riqueza
En el bosque donde la sombra se extiende
Flores engastadas de oro color Antares

Cuando se esparce el prestigio y la ternura
En la penumbra de árboles gigantes
El Amborella despliega su riqueza

Revelando su juventud y alma
A la fisonomía de una primavera floreciente
Flores engastadas de oro color Antares

Memoria de un beso de diosa
Que guarda un secreto resplandeciente
El Amborella despliega su riqueza

En los lablos del viento que la acaricia
El pétalo de orfebrería es brillante
Flores engastadas de oro color Antares

En el corazón de un medio petalisante
El Amborella despliega su riqueza
En la penumbra de árboles gigantes
Cuando se esparce el prestigio y la ternura
En el bosque donde la sombra se extiende...

petalisante : universo inundado de pétalos

Passionnément Anémone

Les années mornes des belles anémones
Sous le ciel carbone au début de l'automne
Semblent frémir sous la feuillée mordorée
Comme un soupir d'une nature effleurée

Chaque fleur raconte une histoire ancienne
L'éphémère été fuit, les jours s'égrènent
La brise murmure des secrets d'antan
À la figure des statues végétant

Symbole de passion au temps jadis
Les fleurs sont nées par les larmes d'Aphrodite
Qui pleurait la mort de l'amant Adonis
Tué par un maquin aux cornes maudites

Les années mornes des belles anémones
Sous le ciel carbone au début de l'automne
Semblent frémir sur la feuillée mordorée
Comme un soupir d'une nature effleurée

Et dans l'art japonais qui souvent médite
La beauté éphémère est liée souvent
Aux rituels où les fleurs ont le mérite
Essentiel de protéger le vivant

Apasionadamente Anémona

Los años lúgubres de las hermosas anémonas
Bajo el cielo carbono a principios de otoño
Parecen estremecerse bajo las bronze hojarascas
Como un suspiro de un entorno rosado

Cada flor cuenta una historia antigua
El efímero verano se escapa, el día se desgrana
La brisa susurrante secretos de antaño
En el rostro de las estatuas vegetando

Símbolo de pasión en tiempos antiguamente
Las flores nacen por Afrodita con sus lágrimas
Que lloraba la muerte de Adonis su amante
Asesinado por un jabalí con cuernas malditas

Los años lúgubres de las hermosas anémonas
Bajo el cielo carbono a principios de otoño
Parecen estremecerse bajo las bronze hojarascas
Como un suspiro de un entorno rosado

Y en el arte japonés que a veces medita
La belleza efímera está a menudo relacionada
En los rituales donde las flores tienen el mérito
Esencial para proteger el ser humano

Au ciel carbone, l'automne épanoui
Les anémones brillent malgré la nuit
Et dans chaque fleur réside une promesse
L'éternel bonheur avide de tendresse...

Anémone - Anémona

En el cielo de carbono, el otoño que florece
Las anémonas brillan a pesar de la noche
Y en cada flor reside una promesa
La felicidad eterna, ávida de ternura...

Arum – Cala blanca

Les Arums Pureté d'Ivoire

En robe blanche, la spathe d'ivoire
Les arums s'élèvent, fiers et gracieux
Au fin fond d'un jardin silencieux
Avec leurs cœurs en subtil entonnoir

Leur parfum s'étend jusqu'au soir
Effleure l'air, rêve audacieux
En robe blanche, la spathe d'ivoire
Les arums s'élèvent, fiers et gracieux

Messagers d'un amour illusoire
Sous les cieux purs et lumineux
Offrant leur voile soyeux et précieux
Pour le sacre d'un printemps sans gloire

En robe blanche, la spathe d'ivoire
Les arums célèbrent leur victoire...

La Cala blanca Pureza de Marfil

Con vestido blanco, la espata de marfil
La cala blanca se alza, noble y hermoso
En lo más hondo de un jardín silencioso
Con su corazón en forma de embudo sutil

Hasta el anochecer se extiende su aroma fragíl
Rozando el aire, un audaz ensueño
Con vestido blanco, la espata de marfil
La cala blanca se alza, noble y hermoso

Mensajero de un amor ilusorio
Bajo cielos puros y luminosos
Ofrece su velo sedoso y valioso
Para el triunfo de una primavera sin prestigio

Con vestido blanco, la espata de marfil
La cala blanca celebra su victoria...

Bégonia d'amour

Amour, gloire, harmonie et prospérité
En venue le mythique bégonia
Dans sa tenue magnifique d'apparat
Ses fleurs composées alliant la beauté

L'Égypte antique s'employait à orner
Les tombeaux des pharaons lors de gala
En Inde la fleur est liée aux chakras
Apportant à la vie la sérénité

Beaux bégonias aux nuances grenat
Ta couleur raconte des chants oubliés
Une mélodie fascine emplie d'aura
Un art floral berçant le fil du passé

Ce joyau fleuri charme d'un bel éclat
Éblouissant de vie sous les cieux bleutés
Le bégonia gracieux, délicat
Fait une ode au printemps pour l'éternité...

Begonia de amor

Amor, gloria, armonía y prosperidad
A la llegada la mítica begonia
En su magnífico traje de gala
Sus flores compuestas se unen a la preciosidad

El antiguo Egipto se esforzaba en adornar
Las tumbas de los faraones en la ceromonia
En la India la flor está ligada a los chacras
Trayendo a la vida la serenidad

Bellos begonias con tonos granate
Tu color cuenta canciones olvidadas
Una melodía cautiva llena de aura
Un arte floral que acaricia el hilo del pasado

Esta joya floreada tiene un hermoso brillo
Deslumbrante de vida bajo los cielos azulados
La begonia graciosa, delicada
Hace una oda para siempre a la primavera...

Aux Nuées de Bleuets

Brelan, Poésie du XXI

Entre les épillets
Oscillés, balancés, les bleuets
Doucement dansent un menuet
Sous le vent de Juillet

Qui semblent gambiller
Avec maintes ombres effluées
Des nuages sombres bossués
Entre les épillets

Entre les épillets
Oscillés, balancés, les bleuets
Ont capté l'azur qui a flué
Vers les blés brasillés

Et un chant a trillé
Ponctué de murmures atténués
Dans les blés frémissants de bleuets
Sous le vent de Juillet

Oscillés, balancés, les bleuets
S'éparpillent comme les nuées…

A las Nubes de Acianos

Berlanga, Poesía del siglo XXI

Entre las espigas del trigo
Oscilados, balanceados, los acianos
Danzan suavemente un minueto
Bajo el viento de julio

Que parecen ondear
Con muchas sombras aliviadas
De nubes oscuras jorobadas
Entre las espigas

Entre las espigas del trigo
Oscilados, balanceados, los acianos
Han capturado el azul que fluyó
Hacia los trigos centelleados

Y un canto trinó
Puntuado de murmullos atenuados
En los trigos temblorosos de acianos
Bajo el viento de julio

Oscilados, balanceados, los acianos
Se dispersan como las nubes azulados…

Les Boutons d'or

Les boutons d'or des hauts pâtis
Photophores de la prairie
Versent leur or à l'infini
Aux aurores toutes jaunies

Et le printemps multiflore
Si éclatant, ré-éclore
Les boutons d'or de la prairie
Qui s'écorent, tous épanouis

Dans l'euphorie de la flore
Tout'embellie de rayons d'or
Jusqu'au couchant versicolore
Si fleurissant, qui dévore

Les boutons d'or des hauts pâtis
Derniers trésors de la prairie
Qui doucement s'évaporent
Au firmament unicolore

En souriant, aux météores
D'un printemps luminophore
Les boutons d'or des hauts pâtis
Versent leur or à l'infini…

El Botón de oro

El botón de oro del alto pasto
Fotóforo de la pradera
Echa su oro al infinito
Todo amarilleado de la aurora

Y la primavera multiflora
Si resplandeciente, despunta
El botón de oro de la pradera
Todo abierto, que se apunta

En la euforia de la flora del amor
Toda aureolada de melena efímera
Hasta al sol poniente multicolor
Si floreciente, que devora

El botón de oro del alto pasto
De la pradera, últlmo besito
Que se evapora despacito
Unicolor en el firmamento

Con una sonrisa al meteoro
De una primavera de fósforo
El botón de oro del alto pasto
Echa su oro al infinito...

Captivantes Capucines

Brelan Poésie du XXI

Un massif fleuri de capucines
Sous un bel oranger
Ses feuilles d'une teinte olivine
Cachent l'éclat orangé

La brise murmure un secret
Aux fleurs aériennes
Le roi soleil offrait un bouquet
À sa charmante reine

Aux souvenirs d'un été chassé
Jolie fleur orangée
Sous l'ombre douce de l'oranger
Délie l'odeur passée

Et chaque fleur tomate
Décore un paysage joyeux
Révélant ses courbes délicates
Un accord gracieux

Pour déclarer sa flamme
Emprunter la rouge capucine
Pour captiver une âme
Et la beauté d'un cœur qui badine

Sous un bel oranger

Cautivadoras Capuchinas

Berlanga, Poesía del siglo XXI

Un macizo florecido de capuchinas
Bajo un hermoso naranjo
Sus hojas de un tono olivino
Esconden el resplandor anaranjado

La brisa susurrante un secreto
A las flores aéreas
El Rey Sol ofrecía un ramo
Por su encantadora reina

Por los recuerdos de un verano barrido
Bonita flor naranja
Bajo la suave sombra del naranjo
Libera el olor pasado

Y cada flor roja
Decora un paisaje alegre
Revelando sus delicadas curvas
Una armonía graciosa

Para confesar tu pasión
Tomar prestado el rojo capuchina
Para cautivar un alma
Y la belleza de un corazón que juega

Bajo un hermoso naranjo

Un massif fleuri de capucines
Au ciel bleu naphtaline
La félicité est louangée...

Chrysanthème – Crisantemo

Un macizo florecido de capuchinas
En el cielo azul de naftalina
La felicidad está alabada...

Coeur de Marie – Corazón Sangrante

Cœur de Marie Cœur en sucre

Cœur de Marie, Cœur en sucre
Lové dans un satin involucre
En silence sur la mousse mucre
Elle pousse sans goût du lucre
Au lointain d'anciens sépulcres
Cœur de Marie, Cœur en sucre

Sortie au bal des mille couleurs écarlates
Secrète, elle est une fleur d'aujourd'hui
Si discrète, formant un cœur de biscuit
Avec ses pétales d'une naïveté délicate

Cœur de Marie, Cœur en sucre
Lové dans un satin involucre
En silence sur la mousse mucre
Elle pousse sans goût du lucre
Au lointain d'anciens sépulcres
Cœur de Marie, Cœur en sucre

Naissante parmi d'autres lauréates
Comme lamparo, un cœur en maestro
Eclaire la sombre multitude d'arbrisseaux
Nés dans la pénombre à la flore d'agate

Cœur de Marie, Cœur en sucre
Lové dans un satin involucre

Corazón sangrante Corazón de azúcar

Corazón sangrante, Corazón de azúcar
Arropado en satén que lo cubre sin tardanza
En silencio sobre el musgo danza
Crece sin codicia, sin ansia ni usanza
A lo lejos de sepulcros de añoranza
Corazón sangrante, corazón de azúcar

Salido al baile de mil tonos escarlata
Ella es una flor de hoy, secreta
Tan discreta, en forma de corazón de galeta
Con sus pétalos de una ingenuidad delicada

Corazón sangrante, Corazón de azúcar
Arropado en satén que lo cubre sin tardanza
En silencio sobre el musgo danza
Crece sin codicia, sin ansia ni usanza
A lo lejos de sepulcros de añoranza
Corazón sangrante, corazón de azúcar

Nacida entre otra laureada
Un corazón en maestro, como lámparos
Ilumina la oscura multitud de arbustos
Nacidos en penumbra a la flora de ágata

Corazón sangrante, Corazón de azúcar
Arropado en satén que lo cubre sin tardanza

En silence sur la mousse mucre
Elle pousse sans goût du lucre
Au lointain d'anciens sépulcres
Cœur de Marie, Cœur en sucre

Avec ses fleurs fragiles qui s'acclimatent
C'est la vivace d'exception qui fleurit
En toute saison sur les jours adoucis
De splendeurs subtiles sur terres moites

Cœur de Marie, Cœur en sucre
Lové dans un satin involucre
En silence sur la mousse mucre
Elle pousse sans goût du lucre
Au lointain d'anciens sépulcres
Cœur de Marie, Cœur en sucre

Certain soir swinguent les cœurs acrobates
Suspendus sur la gracile hampe illuminée
Où remuent de roses bijoux sertis de rosée
Entre insectes cerises et la brise qui couriate...

En silencio sobre el musgo danza
Crece sin codicia, sin ansia ni usanza
A lo lejos de sepulcros de añoranza
Corazón sangrante, corazón de azúcar

Con sus flores frágiles que se aclimatan
Es la vivaz de excepción que florece
En toda estación en días suaves
De esplendores sutiles sobre tierras húmedas

Corazón sangrante, Corazón de azúcar
Acurrucado en satén que lo cubre sin tardanza
En silencio sobre el musgo danza
Crece sin codicia, sin ansia ni usanza
A lo lejos de sepulcros de añoranza
Corazón sangrante, corazón de azúcar

Cierta noche bailan los corazones acróbatas
Suspendidos en el gracile tallo floral iluminado
Donde se mueven rosas joyas engastadas de rocío
Entre la brisa que corre y insectos cerezas...

Cerisier

Sous le vent écrasant qui me piquait les yeux
D'une fin de printemps, je courais les brindilles
Fragiles, naïves, aux parfums délicieux
Qui pleuraient sur les corps trépassés des jonquilles

A l'ombre d'un bosquet, chantait un cerisier
D'un souffle majestueux et les oiseaux en chœur
Reprenaient son refrain tout aussi extasiés
Par ses branches, ses fruits que ses mille couleurs

Ses feuilles se mariaient aux nuages de pluie
Chargés de fragrances que les vents apportèrent
D'un baiser délicat pour arroser ses fruits
Juteux comme l'amour, rouges comme l'Enfer

Et cet arbre dansait comme pour me séduire
Ses cerises brillaient sur son buste cambré
Où s'égaraient mes yeux quand parfois, sans mentir
Il poussait des pommes où mon cœur a sombré

Le vent des foins de juin ne pique plus mes yeux
Quand je m'en vais au pré sentir l'odeur de l'orge
Le cerisier n'est plus qu'un passé mélodieux
Dont les noyaux sont morts en travers de ma gorge...

Cerezo

Bajo el viento aplastante que ardía en mis ojos
De un fin de primavera, yo corría por las ramillas
Frágiles, ingenuas, de aromas tan hermosos
Que lloraban sobre cuerpos de narcisos sin vida

A la sombra de un bosque, cantaba un cerezo,
Con un soplo majestuoso y los pájaros en coro
Repetían su estribillo, igual de extasiados
Por sus ramas, sus frutos y su millar de tonos

Sus hojas se casaban con nubes de aguacero
Cargadas de fragancias que trajeron los vientos
De un beso delicado para regar sus frutos
Jugosos como el amor, rojos como el infierno

Y aquel árbol danzaba como queriendo seducirme
Sus cerezas brillaban sobre su tronco curvado
Donde se perdían mis ojos cuando a veces, sin mentir
Brotaban manzanas donde mi corazón naufragó

El viento del heno junio ya no quema mis ojos
Cuando voy al prado a sentir el aroma de la cebada
El cerezo no es más que un pasado melodioso
Cuyos huesos murieron a través de mi garganta…

L'envolée des fleurs de cerisier

Dans l'archipel où pendulent les branches
La blancheur au rose s'est appariée
Un crépuscule nacré joue sa revanche
Cerisier et ciel se sont mariés

Pour célébrer l'événement tout entier
Les îlotiers contemplent l'avalanche
Des pétales illuminant les sentiers
Éparpillant la pâle beauté franche

Là sur l'éphémère beauté, extasiés
Les îlotiers espèrent le dimanche
Que le temps soit alpagué, anesthésié
Bénissant l'âme fleurie qui s'épanche

Lors de l'envolée des fleurs de cerisier
Tout un printemps fleuri prend sa revanche
Et rappelle jusqu'aux troncs des aliziers
Une aquarelle où pendulent les branches

Bénissant l'âme fleurie qui s'épanche
Lors de l'envolée des fleurs de cerisier…

El vuelo de las flores de cerezo

En el archipiélago donde cuelgan las ramas
El blanco se ha emparejado con el rosa
Un crepúsculo nacarado juega su venganza
Cerezo y cielo se han casado

Para celebrar el evento entero
Los isleños contemplan la avalancha
De los pétalos que iluminan los senderos
Esparciendo la pálida belleza franca

Allí, sobre la efímera belleza, extasiados
Los isleños esperan el domingo
Que el tiempo sea atrapado, anestesiado
Bendiciendo el alma florida que se derrama

En el vuelo de las flores de cerezo
Todo un manantial florecido toma su venganza
Y recuerda hasta los troncos de los alisios
Una acuarela donde cuelgan las ramas

Bendiciendo el alma florida que se derrama
En el vuelo de las flores de cerezo…

Chrysanthème

Dans mon petit jardin doré où la rose trémière
Offre encore des fleurs au pied du mur croûlant
Un chrysanthème aux longs pétales étincelants
Étale toute sa magnificence et rit à la lumière

Son casque est en or fin constellé de brillants
Que cisela pour lui seul la rosée matinale
Et le grand soleil fauve en sa course automnale
Embrase sur son front ces bijoux scintillants

Une pluie fine a mouillée les massifs pitoyables
Qui sèment leurs floraisons sur le sol triste et nu
Et l'altier chrysanthème en son deuil revenu
Pleure ses longs pétales de noyé, lamentable…

Crisantemo

En mi pequeño jardín dorado donde la malvarrosa
Todavía ofrece flores al pie de la pared decrépita
Un crisantemo con largos pétalos brillantes
Despliega toda su magnificencia y se ríe a todas luces

Su casco es de oro fino constelado de brillantes
Que cisela solo para él, el rocío matutino
Y en su carrera otoñal el gran sol rojizo
Abrasa en su frente estas joyas relucientes

Una lluvia fina ha mojado el macizo miserable
Que siembran sus flores en el suelo triste y desnudo
Y el altivo crisantemo en su regresado luto
Llora sus largos pétalos de ahogado, lamentable...

J'ai déposé des chrysanthèmes

J'ai déposé des chrysanthèmes
Sur le cercueil de notre amour
Je ne lirai plus de poèmes
Le silence soupire l'alentour

La tombe dans le cimetière
Regorge de nos souvenirs
Mais désormais sans la lumière
Le bonheur s'est changé en soupirs

J'ai déposé des chrysanthèmes
Sur l'amour qui s'est envolé
Ton cœur ne dira plus « je t'aime »
Ne m'offrira plus de baisers

Solitaire mon âme pleure
En rejouant le doux passé
Aujourd'hui résonne l'heure
D'avancer et de rêvasser...

He depositado crisantemos

He depositado crisantemos
Sobre el féretro de nuestro amor
No leeré ningún poema
El silencio suspira alrededor

La tumba en el cementerio
Rebosa de nuestros recuerdos
Pero ahora, sin la luz
La felicidad se ha vuelto suspiros

He depositado crisantemos
Sobre el amor que se ha ido
Tu corazón ya no dirá "te amo"
Ni me ofrecerá más besos

Solitario, mi alma llora
Rejugando el dulce pasado
Hoy resuena la hora
De avanzar y de divagar despacito...

Cyclamen, splendeur des bois

Les cyclamens ensorcellent
Avec leurs fleurs en forme d'ailes
Ressemblant à des papillons
Posés sur feuilles en cotillon

Leurs pétales sont maquillés
De teintes claires ou foncées
La corolle semble s'éparpiller
Sur un bijou en soie moirée

Sous l'éclat doux du matin blême
Le cyclamen a l'âme bohème
Au sous-bois l'élégance se sème
Offrant ses fleurs comme emblème

Fleurs du printemps florissant
Qui frétille au vent rossissant
Parfums légers, éclats divins
Une splendeur sur le chemin

Sous la rosée du matin clair
Ils murmurent un chant éphémère
Et dans l'ombre d'un sous-bois fin
Rêvent encore au lendemain...

Ciclamen, esplendor del bosque

Los ciclámenes hechizan
Con sus flores en forma de alas
Pareciendo mariposas
Sobre hojas de festón posadas

Sus pétalos estàn maquillados
De tonos claros o intensos
La corola parece esparcirse
Sobre un joyel de seda tornasolada

Bajo el suave fulgor de la mañana pálida
El ciclamen tiene alma bohemia
En el sotobosque se siembra la elegancia
Ofreciendo sus flores como emblema

Flores de la primavera en flor
Que tiemblan al viento sonrosado
Perfumes ligeros, destellos divinos
Un esplendor en el camino

Bajo el rocío de la clara mañana
Susurran un efímero canto
Y en la sombra de un sotobosque tenue
Siguen soñando con el mañana...

Clématite « Étoile Violette »

Au sommet d'un monde austère
Où les cendres tièdes et passives
Frémissent sous le pas des errants
S'attardent les nuages gris d'un hiver
Comme des spectres en dérive
Reflets au passé d'un volcan agonisant

Les vents, porteurs d'ombres et d'échos fanés
S'emmêlent aux lambeaux du jour mourant
Comme s'envolent les feuilles d'automne
Tandis que la mer, vaste miroir d'infini délaissé
Recompose à l'aube le soupir des astres estompés
Parmi le chant des vagues qui résonnent

Et là, sur les vestiges du silence
Dans la faille d'une coulée érodée
Une clématite brille par sa rutilance
Tel un fil de lumière au cœur du néant
Étoile insoumise aux nuits oubliées
Espérant encore un monde apaisé

Ses tiges fines, défi aux ruines du destin
S'enroulent aux restes d'un monde en déclin
Et ses corolles violettes, étoilées d'or
Épanouissent une tendresse unicolore
Sous les lueurs ardentes d'un volcan
Étreignant l'instant d'un fracas grandiloquent

Clemátide «Estrella Violeta»

En la cima de un mundo austero
Donde las cenizas tibias y pasivas
Temblan bajo los pasos errantes
Se demoran las nubes grises del invierno
Como espectros a la deriva
Reflejos del pasado de un volcán agonizante

Los vientos, portadores de sombras y ecos marchitos
Se entrelazan con los jirones del día moribundo
Como vuelan las hojas de otoño
Mientras el mar, vasto espejo de un infinito abandonado
Recompone al alba el suspiro de los astros desvanecidos
Entre el canto de las olas que resuenan

Y allí, sobre los vestigios del silencio
En la grieta de un flujo erosionado
Una clemátide brilla con su fulgor
Como un hilo de luz en el corazón de la nada
Estrella indómita en noches olvidadas
Esperando aún un mundo apacible

Sus tallos finos, desafío a las ruinas del destino
Se enredan en los restos de un mundo en declive
Y sus corolas violetas, estrelladas de oro
Despliegan una ternura unicolor
Bajo los resplandores ardientes de un volcán
Abrazando el instante con un estruendo grandilocuente

La mer la menace et le vent la bouscule
Mais fragile et fière elle croît et ondule
Entre les larmes du ciel et délicats embruns
Dans l'aurore de l'oubli des cendres de juin
Sous l'intensité d'un soleil incertain
Elle danse et s'offre à l'horizon lointain...

Clématite - Clemátide

El mar la amenaza y el viento la sacude
Pero frágil y orgullosa, crece y ondula
Entre las lágrimas del cielo y delicados rocíos
En la aurora del olvido de las cenizas de junio
Bajo la intensidad de un sol incierto
Ella baila y se entrega al horizonte lejano

Colchique - Cólquico

Rondeau des Colchiques

,Avec les premiers froids qui réveillent l'automne
Les colchiques oubliés frémissent dans les prés
Ils allument leur flamme aux brouillards satinés
Et court sur le regain leur rêve qui frisonne

La prairie sauvage offre alors sa dernière couronne
Illuminée d'une sereine beauté, d'amour et de pensée
Avec les premiers froids qui réveillent l'automne
Les colchiques oubliés frémissent dans les prés

Parmi les herbes fauchées et le vert monotone
Comme des anges tutélaires s'élèvent au ciel étoilé
Leur coupe de rosée, pâle croix de violet
Pour bénir l'âme en fleur que le destin moissonne

Avec les premiers froids qui réveillent l'automne...

Rondel por los Cólquicos

Con los primeros fríos que despiertan el otoño
Los cólquidos olvidados temblan en el prado
Encienden su llama a la neblina satinada
Y su sueño que se estremece corre sobre la primavera

La pradera salvaje ofrece entonces su última corona
Iluminada de amor, pensamientos y una belleza serena
Con los primeros fríos que despiertan el otoño
Los cólquidos olvidados temblan en el prado

Entre las hierbas segadas y el verde monótono
Como ángeles tutelares elevan al cielo estrellado
Su copa de rocío, pálida cruz de púrpura
Para bendecir el alma en flor que el destino cosecha

Con los primeros fríos que despiertan el otoño...

Rondeau des Coquelicots

Les coquelicots, comme des bulles au vent
Colorisent les rêves du voyageur mouvant
Libérant l'éclat de ses pétales agités
Sous le crépuscule dans un murmure léger

Aux dernières heures, s'envolent sans souffle
Les libellules se mêlant à la grâce d'un écouffle
Les coquelicots, comme des bulles au vent
Colorisent les rêves du voyageur mouvant

L'âme du poète vibre dans le charme éthérée
Et s'élève avec les rêves que l'horizon façonne
Mille voix s'évanouissent dans un chœur passager
Les douces mélodies flottent au cœur de l'automne

Comme dans les champs, les coquelicots volent sans espoir
se répandent, scintillant, comme des bulles dans la nuit noire...

Rondó de las Amapolas

Las amapolas, como burbujas al viento
Colorean a los sueños del móvil viajero
Liberando el fulgor de sus pétalos inquietos
Bajo el crepúsculo en un susurro ligero

En las últimas horas, que vuelan sin aliento
Se mezclan las libélulas a la gracia de un chorro
Las amapolas, como burbujas al viento
Colorean a los sueños del móvil viajero

El alma del poeta vibra en el encanto etéreo
Y se eleva con los sueños que el horizonte modela
Mil voces se desvanecen en un coro pasajero
Las suaves melodías flotan en la estela

Como en los campos, las amapolas ondean sin espera
Se esparcen, brillando, como burbujas en la azabache esfera…

A l'encre des rouges coquelicots

À l'encre des rouges coquelicots
Aux pétales charnus de nos saintes blessures
Les lèvres de la nuit assombrie de maux
Colorent l'aurore des déchirures

Aube de nos regards plaintifs
Baignant dans les traînées de vols d'oiseaux
Picorant les graines aux couleurs rouge vif
Semences de fièvres dans nos mots

Chancelante la lune pleine dans le ciel en randonnée
Habille de ses reflets nos pensées errantes
Poussées sur l'océan de marées
Vers les îles de feu aux étincelles d'amour crépitant

Que de larmes fermentées dans le livre de la vie
Que feuillettent les mains venteuses du passé
Epicées de souvenirs au goût de nostalgie
Plaie d'un rêve au cœur d'un présent asséché

Sur l'arbre de l'espoir restera toujours ce nid
Nichoir pour les idéaux sur les chemins perdus
Avec le calice accrescent couvrant le fruit
Comme l'encre à la plume assidue...

Con la tinta de las rojas amapolas

Con la tinta de las rojas amapolas
En pétalos carnosos de santas heridas
Los labios de la noche oscurecida de penas
Colorean el alba de las rupturas

Aurora de nuestras miradas dolientes
Bañadas en las estelas de vuelos de aves
Picoteando las semillas roja intensa
Siembra de fiebres en nuestras palabras

Vacilante, la luna llena en su viaje por el cielo
Viste con reflejos nuestros pensamientos errantes
Arrastrados sobre el océano de mareas
Hacia islas de fuego con chispas de amor chisporroteante

Cuántas lágrimas fermentadas en el libro de la vida
Que hojean las manos ventosas del pasado
Sazonadas con recuerdos de sabor a nostalgia
Herida de un sueño en el corazón de un presente seco

En el árbol de la esperanza siempre quedará un nido
Refugio de ideales en caminos perdidos
Con el cáliz creciente cubriendo el fruto
Como la tinta a la pluma incansable…

Les Coronilles, Messagères d'Amour

Parmi les vents aux parfums d'espérance
Les coronilles éclatent en douceur
Fleurissant d'or les sentiers avec innocence
Tissant des rêves au creux de mon cœur

L'âme réunie embrasse la splendeur
Merveille dorée aux reflets envoûtants
Chaque pétale blond enlace un bonheur
De douceur infinie aux cœurs palpitants

Là, sous les cieux où s'éteint l'orage
Elles illuminent nos jours incertains
Couronnes d'or aux corolles sauvages

Et dans le miroir aux reflets opportuns
Je vois un spectacle, sublime paysage
Brillant d'amour au fil des embruns....

Las Coronillas, Mensajeras del Amor

Entre los vientos con perfumes de esperanza
Las coronillas estallan con dulzura
Floreciendo en oro los senderos con confianza
Tejiendo sueños en lo profundo de mi ternura

El alma unida abraza la esplendor
Maravilla dorada de reflejos hechizantes
Cada pétalo rubio enlaza un fulgor
De dulzura infinita en corazones vibrantes

Allí, bajo cielos donde mueren tormentas
Iluminan nuestros días inciertos,
Coronas de oro en corolas abiertas

Y en el espejo de reflejos oportunos
Veo un espectáculo, un paisaje perfecto
Brillando de amor en los suaves neblinos...

Dalhia, rien qu'un peu

Rien qu'un peu de silence
Pour dire une espérance
Un rayon de soleil
Pour vivre l'essentiel

Rien qu'un souffle de vent
Pour le pétale tombant
Un dalhia qui s'élève
Pour exprimer un rêve

Rien qu'un peu de beauté
Dans la corolle fanée
Une ombre dessinée
Sur une toile froissée

Rien qu'un doux dalhia
En tenue d'apparat
Une goutte de bonheur
Par touche de couleur

Rien qu'un brin de rien
Cueilli certain matin
Parfum de jour nouveau
Pour s'envoler plus haut

Rien qu'un peu de paix

Dalhia, nada más que un poco

Nada más que un silencio
Para decir una esperanza
Un rayo de sol
Para vivir lo esencial

Nada más que un soplo de viento
Por el pétalo cayendo
Una dalia que se eleva
Para expresar un sueño

Nada más que un poco de belleza
En la flor descolorida
Una sombra dibujada
Sobre un lienzo arrugado

Nada más que una dulce Dahlia
En traje de gala
Una gota de amor
Por toque de color

Nada más que un poco de nada
Recogido una mañana
Perfume de nuevo día
Para volar más alto

Nada más que un poco de paz

Quand le bruit se tait
Pour que l'amour inonde
Un peu tout le monde...

Dalhia

Cuando el ruido se calle
Para que el amor inunde
Un poco todo el mundo...

Zinnia

Edelweiss, Étoile des Sommets

Parmi la neige aux manteaux mouvants
L'edelweiss veille en noble sentinelle
Ses doux pétales d'argent éternel
Bravent le froid, défiant les tourments

Un emblème pur que l'on garde vivant
Trésor des cimes, beauté essentielle
Sous les frimas, sa splendeur se révèle
Fleurissant l'air d'un parfum captivant

Étoile des glaciers, rêve solitaire
Sa grâce fragile en silence prospère
Témoin discret des monts infranchis

Ainsi il croît au sommet des mystères
Gardien sacré des neiges infinies
Éclair d'argent sur roche endormie...

Edelweiss, Estrella de las Cumbres

Entre la nieve de mantos cambiantes
El edelweiss vela como centinela
Sus dulces pétalos de plata eterna
Desafían el frío, vencen los instantes

Emblema puro que se guarda con vida
Tesoro de cimas, belleza esencial
Bajo la escarcha, su esplendor se anida
Perfumando el aire con su halo inmortal

Estrella de los glaciares, sueños solitarios
Su frágil gracia en silencio prospera
Testigo discreto de montes infranqueados

Así crece en la cumbre del misterio
Guardián sagrado de nieves eternas
Destello de plata en rocas dormidas...

Églantines Tourmalines

Rombelle, Poésie du XXI

Des églantines culminent en haut de la colline
Au ciel naphtaline, une mousseline vagueline
Qui illumine la crinoline de lueurs sanguines
Où au vent hyalin dodelinent les fleurs pétalines

Au lointain, un poète chemine et imagine
Des rimes divines, un refrain à la mandoline
Des églantines, culminent en haut de la colline
Au ciel naphtaline, une mousseline vagueline

Un parfum qui se mousine jusqu'à la popeline
D'un artiste, à la craie peint, un dessin se dessine
Au ciel naphtaline, une mousseline vagueline
Des églantines fulminent en haut de la colline

Qui domine sur un printemps, un embrun d'étamines
Et s'agglutine au dessin, sur l'artiste qui patine
Le destin, badinant le poète qui s'aroutine
Le temps débine sur les églantines tourmalines

Au ciel naphtaline, une mousseline vagueline
Des églantines fulminent en haut de la colline…

Zarzarrosas Turmalinas

Rombella, Poesía del siglo XXI

Las zarzarrosas culminan en lo alto de la colina
En el cielo naftalina, una muselina vaguelina
Que con destellos sanguíneos ilumina la crinolina
Donde al viento hialino se mece la flor cristalina

A lo lejos, un poeta camina e imagina
Rimas divinas, un estribillo a la mandolina
Las zarzarrosas culminan en lo alto de la colina
En el cielo naftalina, una muselina vaguelina

Un perfume que se extiende hasta la popelina
De un artista, con tiza pintada, un dibujo se dibuja
En el cielo naftalina, una muselina vaguelina
Las rosas silvestres fulminan en lo alto de la colina

Un rocío de estambres en una primavera que domina
Y se aglutina en el dibujo, sobre el artista que patina
El destino, bromeando con el poeta que se rutina
El tiempo acobarda sobre la zarzarrosa turmalina

En el cielo naftalina, una muselina vaguelina
Las zarzarrosas fulminan en lo alto de la colina...

Fleurs d'ombre

Parmi l'herbe et le roc enchâssé dans la pierre
Moussue et délabrée d'un vieux château croulant
Une petite fleurette vers le soleil rayonnant
A lancé son cou frêle aspirant ainsi à la lumière
Et pris d'un seul coup d'aile un magnifique élan

A travers les barreaux d'un cachot triste et sombre
Où gît un triste condamné en proie à son destin
Dans l'air humide et frais d'un gracieux matin
Un espoir s'est glissé qui a séché dans l'ombre
Les larmes de sang noir de son visage éteint

Dans son cœur à la fois si fier et si timide
Qu'il cache en son tréfonds plaisir rêve et douleur
Quelque ballade émue quelques ariettes en fleurs
Doucement ont chanté un refrain si fluide
Que les oiseaux eux-mêmes ont arrêté le leur…

Flores de sombra

Entre la hierba y la roca imbricada en piedra
Musgosa y decrépita de un viejo castillo en ruinas
Una pequeña flor hacia el sol irradiando
Lanzó su cuello frágil aspirando a la fuente lumínica
Y dio un único aletazo un magnífico impulso

Por las rejas de una mazmorra triste y oscura
Donde yace un triste condenado, frente a su destino
En el aire fresco y húmedo de una mañana graciosa
Una esperanza se deslizó que se secó en la sombra
Las lágrimas de sangre negra de su rostro apagado

En su corazón, tan orgulloso y tímido
Que esconde en su interior placer sueño y dolor
Algún paseo emocionado algunas arias en flor
Suavemente cantaron un estribillo tan fluido
Que los pájaros mismos han detenido el suyo...

Fleur sauvage

Puisque j'aurai poussé dans un sol de famine
Au ciel des étés morts desséchés par le vent
Puisque je n'aurai pas connu les doigts d'enfant
Pour frôler les espoirs que mon cœur imagine

Puisque j'aurai germé pollen d'indiscipline
Agité par le sort au souffle du néant
Puisque j'aurai courbé mon rêve décadent
Vers l'unique gravats sous le temps qui décline

Puisque je n'aurai pu naïve fleur sauvage
Brûler en feu de joie aux fêtes d'un village
Ni boire le matin sans craindre le remord

Alors je parerai la plus belle des gerbes
Celle de solitude aux parfums d'avant mort
Faite de spleens amers et d'illusions superbes

Flor salvaje

Ya que habría medrado en un suelo de hambruna
Al cielo de los veranos muertos secados por el viento
Ya que no habría conocido los dedos de un niño
Para abrazar las esperanzas que mi corazón imagina

Ya que habría germinado polen de indisciplina
Agitado por el hechizo al soplo de la nada
Ya que habría inclinado mi sueño en la decadencia
Hacia el único escombro bajo el tiempo que declina

Ya que no habría podido ingenuo flor salvaje
Quemar en una hoguera en las fiestas de un pueblo
Ni beber por la mañana sin temor al remordimiento

Entonces adornaré la más bella de las gavillas
La de soledad con perfumes de ante muerte
Hecho de esplínes amargos y ilusiones magníficas...

Autant en emporte la feuille

Brelan inversé, Poésie du XXI

Autant en emporte la feuille
L'automne tape-à-l'œil
Roux comme l'écureuil
Chevauche le vent en trompe l'œil

Comme l'arbre aux mille feuilles
L'automne s'écueille
Tombant sur un cercueil
Autant en emporte la feuille

Autant en emporte la feuille
Dont le vent effeuille
L'arbre si las, en deuil
Au paradis il se recueille

Et chaque heure se défeuille
De rêves en écueil
Une vie sans orgueil
Autant en emporte la feuille

Et vers l'oubli que courre la feuille
Tombant sur le recueil
L'automne s'écueille
Au paradis et en un clin d'œil

Autant en emporte la feuille...

Lo que la hoja se llevó

Berlanga invertida, Poesía del XXI

Lo que la hoja se llevó
El otoño llamativo
Rojo como la ardilla
Cabalga el viento en trampantojo

Como el árbol de las mil hojas
El otoño se recoge
Cayendo sobre un ataúd
Lo que la hoja se llevó

Lo que la hoja se llevó
Como el viento deshoja
El árbol está cansado, en duelo
En el cielo se reúne

Y cada hora se desmorona
De sueños en escollo
Una vida sin orgullo
Lo que la hoja se llevó

Y hacia el olvido que corre la hoja
Cayendo en el libro
El otoño se recoge
En el cielo y en un parpadeo

Lo que la hoja se llevó...

Les Genêts

Comme des flammes sans nombre qui palpitent au vent léger
En bordure d'un coteau dévasté où seul le granite s'effrite
Des genêts incendiés sous un soleil de plomb s'alitent
Sur l'horizon des herbes fauchés leur belle moisson enflammée

Aucun bruit ne gravite seulement le chant des grillons s'ébruite
Parmi les genêts bercés où pavoisent mille oriflammes illuminées
Comme des flammes sans nombre qui palpitent au vent léger
En bordure d'un coteau dévasté où seul le granite s'effrite

Petites fleurs d'or rêvant de gouttes de rosée ou d'eau bénite
Baignés de lumière où sous un soleil au zénith ressuscite
Un incendie de joie sur les rameaux en feu chaque été
Déploient vers le ciel azuré leur trésor de pépites dorées

Comme des flammes sans nombre qui palpitent au vent léger…

Los Brezos

Como llamas innumerables que palpitan en los vientos ligeros
borde de una ladera devastada donde solo el granito se desmorona
Bajo un sol abrasador se acuestan brezos incendiados
obre el horizonte de hierbas segadas su hermosa cosecha acalorada

Ningún ruido gravita, solo se esparce el canto de los grillos
ntre los brezos mecidos, donde ondean mil estandartes iluminados
Como llamas innumerables que palpitan en el viento ligero
borde de una ladera devastada donde solo el granito se desmorona

Pequeñas flores de oro soñando con gotas de rocío o agua bendita
Bañadas en luz, donde bajo un sol en su cénit resucita
Un incendio de alegría en las ramas en llamas cada verano
Despliegan hacia el cielo azul pepitas doradas como tesoro

Como llamas innumerables que palpitan en el viento ligero...

Des Gentianes à Diane

Sur la médiane d'aurore, encore obsidiane
Coulent des lianes d'or, d'un soleil anthocyane
Et Orion a posé sur ton cœur ces Gentianes
Pour que jamais ton amour ne meurt, Diane

D'un éclat flamboyant, un bouquet de Gentianes
Pour ton âme safran aux senteurs de badiane
Et Orion a glissé sur ton cœur ces Gentianes
Pour que jamais ton amour ne meurt, Diane

Au ciel cellophane brillent de belles Gentianes
Qui se diluent parmi les couleurs vives océanes
Et Orion a posé sur ton cœur ces Gentianes
Pour que jamais ton amour ne meurt, Diane…

Gencianas a Diana

En la mediana de la aurora, todavía obsidiana
Fluye unos bejucos de oro, un sol antocianas
Y Orión posó en tu corazón estas gencianas
Para que jamás muera tu amor, Diana

Un fulgor extravagante, un ramillete gencianas
Para tu alma azafrán, con aroma Badiana
Y Orión deslizó ya en tu corazón las gencianas
Para que jamás muera tu amor, Diana

El cielo celofán brillan hermosas gencianas
Que se diluyen entre los colores vivas oceánas
Y Orión posó en tu corazón estas gencianas
Para que jamás muera tu amor, Diana

Oceána : como oceánica

Sonnet du Géranium

Dans le jardin où danse un doux zéphyr
Les géraniums s'embrasent sous l'aurore
Offrant au vent leur parfum qu'il dévore
Comme un secret qu'il voudrait découvrir

Là-bas, légers, s'envolent pour s'épanouir
Les papillons aux ailes multicolores
Effleurant l'onde d'un vol qu'ils honorent
Peignant l'éther d'un éclat à ravir

Quand l'un se fane au baiser de l'été
L'autre, éphémère et prompt à s'exalter
S'envole vers l'infini, épris d'un autre rêve

Mais sous la brise aux soupirs amoureux
Fleurs et insectes en un pacte heureux
Tissent sans fin leur danse qui s'élève...

Soneto del Geranio

En el jardín donde danza un dulce céfiro
Los geranios arden bajo la aurora,
Ofrecen al viento su aroma que devora
Como un secreto que ansía descifrar

Allí, livianos, se elevan para florecer
Las mariposas de alas multicolores
Rozando el agua en vuelos que honores
Pintando el éter con un brillo a placer

Cuando uno se marchita al beso del verano
El otro, efímero y ágil en su encanto
Se lanza al infinito, en un sueño lejano

Mas bajo la brisa de suspiros amantes
Flores e insectos en pacto vibrante
Tejen sin fin su danza fulgente...

Fleurs perlées des Giroflées

Brelan inversé, Poésie du XXI

Belles fleurs perlées des giroflées
A l'outremer bleuté
Captent l'immensité
Des mers du sud aux mille reflets

Qui semblent toutes ébourifflées
Par bise rafalée
Au soleil affalé
Belles fleurs perlées des giroflées

Belles fleurs perlées des giroflées
Tout près du rivelet
Tels clairets maigrelets
Poussant entre gravier camouflé

Offrent un léger port accouflé
Comme des barbelés
Aux ombres esseulées
Belles fleurs perlées des giroflées

Qui pourront encor'époustoufler
A la nuit étoilée
La rosée dévoilée
Déferlante de mille reflets

Sur les fleurs perlées des giroflées…

Flores perladas de Alhelíes

Berlanga invertida, Poesía del XXI

Hermosas flores perladas de alhelíes
En el ultramar azulado
Captan la inmensidad
De los mares del sur a mil reflejos

Que parecen todas despeinadas
Por ráfaga de brisa
Bajo el sol encorvado
Hermosas flores de perlas de alhelíes

Hermosas flores perladas de alhelíes
Junto al arroyuelo
Como claretes delgados
Creciendo entre grava disimulada

Ofrecen un porte ligero y vencido
Como alambres de púas
A sombras solitarias
Hermosas flores perladas de alhelíes

Que aún podrán deslumbrar
Bajo la noche estrellada
El rocío revelado
Desbordando mil reflejos

Sobre las flores perladas de alhelíes…

La Glycine

La glycine a fleuri sur le vieux mur en ruines
Et sur la pierre grise, des flots mauves ruissellent
C'est un collier léger de perles purpurines
Où le soleil s'irise en rondes étincelles

Chaque pierre est cachée par un rang d'améthystes
Chaque trou est comblé par les grappes précieuses,
Chaque laideur brodée par des mains d'artistes
Et le vieux mur boudeur sourit aux fleurs rieuses

Et quand la rosée d'août sur les glycines dort
Le soleil du matin, de sa riche palette
Fait rosir la muraille et mêle dans son or
Les perles argentées et les perles violettes…

La Glicinia

La glicinia floreció en el antiguo muro en ruinas
Y sobre la piedra gris, gotean flujos púrpuras
Es un collar ligero de perlas purpurinas
Donde el sol se irisa en chispas redondas

Cada piedra está oculta por una fila de amatistas
Cada agujero está lleno por las panojas preciosas
Cada fealdad adornada por manos de artistas
Y el antiguo muro gruñón sonríe a las flores risueñas

Y cuando el rocío de agosto duerme en la glicinia
El sol de la mañana, de su rica paleta
Hace ruborizar la muralla y en su oro se mezcla
Las perlas púrpuras y las perlas de plata…

Sonnet à l'Hibiscus

Sous l'éclat d'or, il s'ouvre en silence
Hibiscus espagnol aux pétales rougeoyants
Offrant au vent son doux frémissement
Telle une flamme à la caresse immense

Sa corolle pourpre teintée d'innocence
S'épanouit aux lueurs de l'astre éclatant
Embaumant l'air d'un souffle apaisant
Écrin fragile au cœur d'une existence

Au fil des jours, elle oscille et se balance
Vibrant au rythme des brises mouvantes
Éphémère reine aux parfums intenses

Ainsi s'efface sa grâce émouvante
Mais dans l'instant de sa brève naissance
Elle illumine chaque âme vagabondante...

Soneto al Hibisco

Bajo el fulgor dorado, se abre en silencio
Hibisco español con pétalos encendidos
Ofreciendo al viento su dulce estremecimiento
Como una llama con un acariciamiento inmenso

Su corola roja brillante, teñida de inocencia
Se expande bajo el fulgor del astro resplandeciente
Embalsamando el aire con un soplo relajante
Frágil estuche en el corazón de una existencia

A lo largo de los días, ella oscila y se balancea
Vibrando al ritmo de las brisas cambiantes
Reina efímera a la fragancia intensa

Así se desvanece su gracia conmovedora
Pero en el instante de su breve nacimiento
Ilumina cada alma que vagabunda...

Les Iris

A nuls autres pareils fleurissent ces éclats
Comme des améthystes, les iris, ici-bas
S'épanouissent au soleil dans le jardin
Et ondulent, légers, en la brise du matin

Les larges pétales violets resplendissent
Comme des améthystes, là-bas, les iris
Où jaillissent leurs fleurs couronnées
Parmi la rosée fraîchement déposée

Dans l'océan de verdure et de fragile soie
Enveloppé d'un fin parfum subtil, ici-bas
Comme des améthystes, les iris d'apparat
Développent la parure du velours délicat

L'inflorescence violacée, avec amour ciselée
Réapparaît toujours, comme chaque année
Comme des frêles artistes, là-bas, les iris
Qui, d'un doux bonheur nous emplissent

Et bercent les yeux et charment le cœur
Pendulent les iris, au soleil, aux parme fleurs
Comme des frêles artistes, les iris, ici-bas
A nuls autres pareils fleurissent ces éclats...

Los Iris

Ningunos otros florecen como estos destellos
Como amatistas, los iris, aquí en la tierra
Se abren al sol en los huertos
Y ondulan, ligeros, en la brisa de la mañana

Resplandecen los anchos pétalos violetas
Como amatistas, los iris, por allá
Donde brotan sus flores coronadas
Entre el rocío recién depositado

En el océano de verdura y de frágil seda
Envuelto en un fino perfume sutil, aquí abajo
Como amatistas, los iris de gala
Despliegan el adorno del terciopelo delicado

La inflorescencia violácea, con amor cincelada
Reaparece siempre, como cada año
Como frágiles artistas, los iris, por allá
Que, nos llenan de un dulce encanto

Y encantan el corazón y mecen el ojo
Se balancean los iris, al sol, a las flores púrpuras
Como frágiles artistas, los iris, aquí abajo
Ningunos otros florecen como estos destellos...

Jacinthe aux Trois Couleurs

Sous l'éclat vif d'un matin lumineux
La jacinthe bleue étale sa beauté outremer
Son doux parfum caresse l'éphémère
Offrant au vent ses rêves nébuleux

La rouge éclate en feu délicieux
Flamme ardente aux braises légendaires
Sang de la terre, passion de lumière
Elle embrase le jardin silencieux

La blanche, douce en pureté suprême
Murmure à l'aube une ode bohème
Telle une étoile aux cieux diaphanes

Ainsi ces fleurs aux âmes souveraines
Tressent en liberté sa torche sereine
Et parfument l'air de leurs douces arcanes...

Jacinto de Tres Colores

Bajo el fulgor de una mañana radiante
La jacinto azul despliega su belleza ultramarino
Su dulce aroma roza lo efímero
Ofreciendo al viento sus sueños cambiantes

La roja estalla en fuego delicioso
Llama ardiente de brasas legendarias
Sangre de la tierra, pasión luminosa
Enciende el jardín silencioso

La blanca, suave en pureza suprema
Susurra al alba una oda bohemia
Como estrella con cielos diáfanos

Así, estas flores de almas soberanas
Tejen en libertad antorchas florales serenas
Y perfuman el aire con dulces arcanos...

Jonquille d'avril

Jonquille d'avril parmi les mobiles du vent
Elle est fleur subtile au cœur du printemps...

Jonquille d'avril fleur subtile
Qui rutile comme un joyau
Aux bordures des ruisseaux
Comme des gemmes fragiles

Fleur aux pétales lisses
Qui ranimez les désirs
Peinte telle une esquisse
Que caresse le zéphyr

Joyeuses Jonquilles d'avril
Flammes volatiles et mobiles
Quand naissent les idylles
Les tendres cœurs jubilent

Dans la blondeur de ta parure
Tu enivres les amoureux de la nature
Comme un lierre sur le cœur
Qui s'attache ou qui se meurt

Elle est fleur subtile au cœur du printemps
Jonquille d'avril parmi les mobiles du vent...

Narciso de abril

Narciso de abril entre los móviles de la brisa
Es flor sutil en el corazón de la primavera...

Narciso de abril, flor sutil
Que reluce como un joyero
En los bordes de un arroyo
Como una gema frágil

Flor de pétalos lisos
Que aviva los deseos
Pintada como un bosquejo
Que acaricia el céfiro

Alegres narcisos de abril
Llama volátil y móvil
Cuando nacen los idilios
se regocijan los corazones tiernos

En el rubio de tu adorno
Embriagas a los amantes del entorno
Como la hiedra sobre el corazón latiente
Que se aferra o que muere

Es flor sutil en el corazón de la primavera
Jonquille de abril entre los móviles de la brisa...

Lauriers Roses aux Fleurs Doubles

Brelan croisé, Poésie du XXI

Les lauriers roses aux fleurs doubles
Ont fleuri l'eau trouble
Par des reflets rosés
S'étirant pour se luminoser

Au cristal étamé
Bercé de lueurs dictamées
Et de bouquets qui se dédoublent
Pour mûrir l'eau trouble

Un peu salicariée
Tapissée de pétales charriés
L'eau petit à petit s'encouble
Rosie de fleurs doubles

Et sur l'étang pâmé
De mille pigments amalgamés
Un effluent parfum redouble
Flétrissant l'eau trouble

De reflets irisés
De lauriers roses aux fleurs doubles…

Adelfas Rosas de Flores Dobles

Berlanga cruzada, Poesía del XXI

Las adelfas rosas de flores dobles
Han florecido en aguas turbias
Con reflejos rosados
Que se estiran para iluminarse

Sobre el cristal estañado
Mecido por luces dictadas
Y ramos que se duplican
Para madurar el agua turbia

Un poco salpicada de salicaria
Tapizada de pétalos llevados por la corriente
El agua poco a poco se tambalea
Rosada por flores dobles

Y sobre el estanque extasiado
De mil pigmentos entrelazados
Un perfume en el aire se redobla
Marchitando el agua turbia

Con reflejos irisados
De adelfas rosas de flores dobles…

Lavande aux teintes de crépuscule

Lavande aux teintes de crépuscule
Tes infimes violettes se balancent
Au vent révélant en chaque granule
La douceur discrète d'une élégance

Ta fragrance, mélodie d'émotion
Ravive l'âme en une danse hérité
D'un rêve oublié filant sur la saison
Comme un murmure aux accents d'été

Sous le ciel fleuri où le soleil s'éteint
Tu couronnes les champs d'un ton bleuté
Semant l'apaisement aux vents sereins
Et peignant les collines de sérénité

Même lorsque l'aurore embellie se pâme
Et que tes fleurs s'effeuillent au matin
Ton essence suspendue au temps enflamme
Les souvenirs parfumés d'un incessant destin...

Lavanda en tonos de crepúsculo

Lavanda en tonos de crepúsculo
Tus diminutas violetas se mecen
Al viento revelando en cada gránulo
La dulce sutileza de su elegancia

Tu fragancia, melodía de emoción
Aviva el alma en un baile heredado
De un sueño olvidado que cruza la estación
Como un murmullo con ecos de verano

Bajo el cielo florido donde el sol se apaga
Coronas los campos con tu azul felicidad
Sembrando calma en los vientos serenos
Y pintando las colinas con serenidad

Aun cuando la aurora, en su esplendor, desfallece
Y tus flores se deshojan en la mañana
Tu esencia suspendida en el tiempo enciende
Los recuerdos perfumados de un destino eterno...

Lilas

Les lilas sétifiens comme des échalas
Ont une folle audace à l'aube printanière
Libèrent leurs bourgeons à l'appel de la lumière
Vives couleurs qui de l'hiver sonnent le glas

Le soleil fauve encore fugitif préside à ces galas
De la gaie symphonie si longtemps prisonnière
Des souffles de l'Atlas autour de la chaumière
Mais la nuit étoilée a tendu la nappe de verglas

Pauvre fleurs victime de leur naïve ardeur
A sculpter la beauté et à révéler l'odeur
De leurs âmes innocentes à l'univers surpris

Mais aucun précurseur aux forces rétrogrades
N'a sacrifié en vain les lilas incompris
En grappes parfumés ordonnent leurs parades…

Lilas

Los lilas de Sétif como estacas
Tienen un audaz delirio al alba primaveral
Liberan sus brotes al llamado de la luz
Vivos colores que anuncian el fin del invierno

El sol dorado aún fugitivo preside estos festejos
De la alegre sinfonía, por tanto tiempo cautiva
De los vientos del Atlas alrededor de la cabaña
Pero la noche estrellada ha tendido su manto de escarcha

Pobres flores, víctimas de su ingenuo ardor
Al esculpir la belleza y revelar el olor
De sus almas inocentes al universo sorprendido

Pero ningún precursor de fuerzas retrógradas
Ha sacrificado en vano los lilas incomprendidos
Que ordenan sus desfiles en racimos perfumados...

Variés Liserons

Le liseron serpente, attrayant et beau
Sur les murs de pierre et tisse un fin réseau
De corolles blanches, suave auréole
Et embellit les jardins d'un couvre-sol

Vierge Marie a pris un liseron blanc
Pour s'y désaltérer d'un soupçon de vin
Depuis ce temps tous les liserons des champs
Ont le teint rosée tel le bonheur divin

Comme un fil d'argent au matin ravissant
Symbole de persévérance discrète
Il enlace sa frondaison fleurissant
Chaque recoin, dessine la fleur trompette

Les merveilleux liserons ont mille noms
Gloire du matin, Liset, Belles-de-jour
Fleur clé et tige torsadée de renom
Ont séduit maintes artistes par amour

Sous le soleil d'été brille son éclat
Et son humble présence charme ici-bas
Le liseron, beauté pure et simple grâce
Expose son élégance dans chaque espace...

Variadas Correhuelas

El liserón se desliza, atrayente y bello
Sobre muros de piedra, tejiendo un fino velo
De corolas blancas, suave aureola
Que embellece jardines con su floral alfombra

La Virgen María tomó un liserón blanco
Para calmar su sed con un sorbo de vino
Desde entonces, todos los liserones del campo
Como la dicha divina tienen un tinte rosado

Como un hilo de plata en la radiante mañana
Símbolo de discreta perseverancia
Abrazando su floreciente fronda
Cada rincón, dibujando la flor trompeta

Los maravillosos liserones tienen mil nombres
Gloria de la mañana, Llset, Dondiego de día
Flor llave y tallo enroscado de renombre
Han cautivado a muchos artistas por amor

Bajo el sol de verano brilla su fulgor
Y su humilde presencia encanta aquí abajo
La Correhuela, belleza pura y simple gracia
Muestra su elegancia en cada espacio…

Lotus Sacré

Originaire d'Asie, je suis le lotus sacré
Mes racines happées, dans cette boue profonde
Je suis onde, gisant sur un miroir nacré
Lumière vivante me pénètre et m'inonde

Je suis source et sève flottant tel un roseau
J'obéis au courant, me portant sur les flots
Sur l'étang endormi en longeant le ruisseau
Perché au dessus des eaux, glanant les îlots

Caressé par le vent, dans la nuit qui s'effeuille
Sous les yeux de l'aube, naît ma fleur et s'étale
Portée comme Vénus, se hissant sur ma feuille
Parée de ses atours aux couleurs de l'opale

Rien ne peut entacher la toge corallienne
Arborant un pistil, vêtu de chasteté
Son cœur est un autel de beauté aérienne
Libérant son encens, jonché de pureté

Sur sa coupe offerte comme une main tendue
En épousant ma tige d'un reflet olivéen
Porte la tête étoilée, vers la nue suspendue
Dans toute sa féerie sous un ciel azuréen…

Loto Sagrado

Originario de Asia, soy el loto sagrado
Mis raíces atropelladas en este profundo lodo
Soy onda, yacente sobre un espejo nacarado
Luz viva me penetra y me inunda

Soy fuente y savia flotando como una caña
Obedezco al corriente, llevándome sobre el agua
En el estanque dormido, a lo largo del arroyo
Encaramado sobre las aguas, recogiendo un cayo

Acariciado por el viento, en la noche que se deshoja
Bajo los ojos del alba, nació mi flor y se desplegó
Llevada como Venus, elevandose sobre mi hoja
Adornado de sus galas con los colores del ópalo

Nada puede manchar la toga coralina
Ostentando un pistilo, vestido de inocencia
Su corazón es un altar de belleza aérea
Liberando su incienso, cubierto de pureza

Sobre su copa ofrecida como una mano tendida
Casándose mi tallo con un reflejo oliváceo
Lleva la cabeza estrellada, hacia la nube suspendida
En toda su magia bajo un cielo azulado...

À la Grâce du Magnolia

Pimpant magnolia du soir qui se couvre
De fleurs blanches telle la pâle colombe
Sous la lune, ton ample corolle s'ouvre
Formant un sourire dans la nuit profonde

La légende du magnolia du soir
Raconte qu'il fut une nymphe des neiges
Ayant perdu son amour sans le vouloir
Piégé dans un miroir par un sortilège

Ainsi chaque nuit, illuminant le monde
Elle fleurit, dédiant candeur aux rêves
À tous ceux qui l'admirent et vagabondent
Quand l'obscurité et la brise se lèvent

Son fin parfum imperceptible s'imprègne
Jusqu'à l'âme où la subtile beauté règne
Chaque pétale est un flocon de lumière
Éclairant la nuit d'une lueur lunaire

Au souffle du sirocco dansent tes branches
Murmurant une allégorie en silence
Ton élégance paisible s'endimanche
Dans un show imprévisible qui balance

A la Gracia del Magnolio

Pimpante magnolio de la noche que se cubre
De flores blancas como la pálida paloma
Bajo la luna, tu amplia corola se abre
Formando una sonrisa en la noche profunda

La leyenda del magnolio de la noche
Cuenta que fue una ninfa de las nieves
Que perdió a su amor sin quererlo
Atrapada en un espejo por un hechizo

Así cada noche, iluminando el mundo
Florece, dedicando candor a los sueños
A todos los que la admiran y vagan
Cuando la oscuridad y la brisa se levantan

Su fino perfume imperceptible se impregna
Hasta el alma donde reina la sutil belleza
Cada pétalo es un copo de luz
Iluminando la noche con un resplandor lunar

Al soplo del siroco bailan tus ramas
Murmurando una alegoría en silencio
Tu elegancia tranquila se engalana
Que se balancea en un imprevisible show

Magnolia du soir, un gardien des songes
Divin trésor, source d'inspiration
Quand naît l'aurore ton charme se prolonge
Dans l'harmonie où s'enflamme la passion...

Magnolia - Magnolio

Magnolio de la noche, un guardián de los sueños
Divino tesoro, fuente de inspiración
Cuando nace el alba, tu encanto se prolonga
En la armonía donde arde la pasión...

Jacinthe - Jacinto

Mimosas d'Avril

Triolon Ennéasyllable, Poésie du XXI

Que voilà de si jolis pompons
En touffes serrées, des flocons d'or
Habillant les mimosas d'avril
Par des rayons doux nés des aurores
Que voilà de si jolis pompons
Suspendus tel mille lampions
Éclairant les ramilles fragiles
En touffes serrées, des flocons d'or
Que voilà de si jolis pompons
Habillant les mimosas d'avril

Par des rayons doux nés des aurores
Étincelantes gemmes coton
Fleurissant les mimosas d'avril
Que voilà de si jolis pompons
Par des rayons doux nés des aurores
Qu'offre au printemps un égrégore
Séduit au volettement mobile
Étincelantes gemmes coton
Par des rayons doux nés des aurores
Fleurissant les mimosas d'avril

Que voilà de si jolis pompons
En gerbes rangées, des bouquets d'or
Culminant aux mimosas d'avril
Entre les pennés verts et fertiles

Mimosas de Abril

Triolón Eneasílabo , Poesía del XXI

Qué pompones son tan bonitos
En racimos apretados, copos de oro
Vistiendo los mimosas de abril
Con rayos suaves nacidos de auroras
Qué pompones son tan bonitos
Suspendidos como mil farolillos
Iluminando la ramilla frágil
En racimos apretados, copos de oro
Qué pompones son tan bonitos
Vistiendo los mimosas de abril

Con rayos suaves nacidos de auroras
Brillantes gemas de algodón
Floreciendo los mimosas de abril
Qué pompones son tan bonitos
Con rayos suaves nacidos de auroras
Que ofrece la primavera un egrégor
Seducido por el aleteo móvil
Brillantes gemas de algodón
Con rayos suaves nacidos de auroras
Floreciendo los mimosas de abril

Qué pompones son tan bonitos
En ramos alineados, ramilletes de oro
Culminando en los mimosas de abril
Entre los verdes y fértiles penachos

Que voilà de si jolis pompons
Bercés au vent l'odorant trésor
S'évapore en un parfum subtil
En gerbes rangées, des bouquets d'or
Que voilà de si jolis pompons
Culminant aux mimosas d'avril...

Mimosa

Qué pompones son tan bonitos
Arrullado por el viento el oloroso tesoro
Se evapora en un perfume sutil
En manojos ordenados, ramos de oro
Qué pompones son tan bonitos
Culminando a los mimosas de abril...

Narcisse - Narciso

Narcisses

Jusqu'à la nuit des temps fleurissent
Les bourgeons du printemps, narcisses
De la racine à la corolle
Jaillit la sève comme folle

Une tempête s'éloigne en furie
Pour se retrouver dans l'oubli
Laissant derrière elle les empreintes
Enivrantes ébats et étreintes

De la racine à la corolle
Jaillit la sève comme folle

Rougeur pâle à l'horizon
S'élève au-dessus de deux corps
Le soleil qui de ses rayons
Assèche le tableau encore

De la racine à la corolle
Jaillit la sève comme folle

Tandis que le calme prend place
Dans la scène presque achevée
Où l'une et l'autre émoustillées
Doucement rendent les âmes lasses

Jusqu'à la nuit des temps fleurissent
Les bourgeons du printemps, narcisses...

Narcisos

Florecen hasta la noche de los tiempos
Los brotes de primavera, narcisos
Desde la raíz hasta la corola
Brote la savia como loca

Una tormenta se aleja furiosa
Para perderse en el olvido
Dejando tras de sí las huellas
Embriagantes ébats y abrazos

Desde la raíz hasta la corola
Brote la savia como loca

Palidez rojiza en el horizonte
Se eleva sobre dos cuerpos
El sol, que con sus rayos
Seca aín el cuadro

Desde la raíz hasta la corola
Brote la savia como loca

Mientras la calma se asienta
En la escena casi acabada
Donde la una y la otra, excitadas
Dulcemente entregan las almas cansadas

Florecen hasta la noche de los tiempos
Los brotes de primavera, narcisos...

Rondeau des Nénuphars

En équilibre comme de pâles funambules sur une horizontale
Sur l'eau les nymphéas en organdi qui défilent, flotillent
Sur le miroir royal où pullulent mille et une lentilles
Frétillent les poissons au châle argenté de lueur astrale

Carnaval de blanches capelines en mousseline qui gambille
Sur l'étang opalescent de fleurs il s'habille pétale à pétale
Comme de pâles funambules en équilibre sur une horizontale
Les nymphéas qui défilent sur l'eau en organdi flotillent

Dans le bal nimbé de chatoyants reflets vermeils qui scintillent
S'exhale la beauté des lys des étangs où les ombres s'étalent
Comme les ronds dans l'eau près du petit pont qui vacille
Oscille la belle silhouette de deux cygnes en parade nuptiale

Comme de pâles funambules en équilibre sur une horizontale...

Rondel de los Nenúfares

En equilibrio como pálidos funámbulos sobre una horizontal
Sobre el agua las ninfas en organdí que desfilan, flotan
En el espejo real donde pululan mil y una lentejas
Los peces se agitan con el chal plateado de luz astral

Carnaval de blancas capellinas en muselina que bailan
En el estanque irisado de flores se viste pétalos por pétalo
En equilibrio como pálidos funámbulos sobre una horizontal
Las nenúfares que desfilan sobre el agua en organdí flotan

En el baile nimbado de brillantes reflejos púrpuras que centellean
Se exhala la belleza de los lirios donde las sombras se extienden
Como los círculos en el agua cerca del puente que se tambalea
Balancea la hermosa silueta de dos cisnes en ritual de cortejo

En equilibrio como pálidos funámbulos sobre una horizontal...

Les Némophiles « Blue eyes »

Le contact doux par vos pétales frémissants
Forme un tapis bleu, partout, les némophiles
Propagent la couleur du ciel réjouissant
Caressant l'ivresse des nuages qui défilent

Valses de délicatesse sous la brise légère
Où s'évadent les corolles campanulées
Dans cette romance la nature préfère
S'enivrer du bleuté des fleurs miraculées

Émotions florales d'une courte existence
Sous nos yeux qui épousent et se balancent
Dans l'ultime danse, en parfaite élégance
Pour exprimer l'amour d'un regard en silence...

Los Nemófilos « Blue eyes »

El tacto suave de tus pétalos temblorosos
Forma una alfombra azul, por todas partes, los nemófilos
Propagan el color del cielo alegre
Acariciando la embriaguez de las nubes que pasan

Valses de delicadeza bajo la brisa ligera
Donde se escapan las corolas campanuladas
En este romance la naturaleza prefiere
Embriagarse con el azul de las flores milagrosas

Emociones florales de una corta existencia
Ante nuestros ojos que se casan y se balancean
En la última danza, con una perfecta elegancia
Para expresar el amor con una mirada en silencio...

Les Orchidées ont une âme

Triolon ennéasyllabe , Poésie du XXI

Les orchidées illuminent l'âme
Qui s'éveille quand perle le jour
Ornant d'une harmonie ses nuances
Nimbée de poésie et d'amour
Les orchidées illuminent l'âme
Ondulant comme des oriflammes
Au soleil dévoilant l'élégance
Qui s'éveille quand perle le jour
Les orchidées illuminent l'âme
Ornant d'une harmonie ses nuances

Nimbée de poésie et d'amour
L'anthèse esquisse des diagrammes
Bornant l'harmonie de variances
Les orchidées illuminent l'âme
Nimbée de poésie et d'amour
Sculptant des figures et contours
À géométrie ivre de sens
Parfumant la beauté qui l'enflamme
Nimbée de poésie et d'amour
Bornant l'harmonie de variances

Les orchidées illuminent l'âme
Qui émerveille le long du jour
Bornant l'infini d'une innocence
Imaginée sur l'inflorescence
Les orchidées illuminent l'âme

Las Orquídeas tienen una alma

Triolón Eneasílabo , Poesía del XXI

Las orquídeas iluminan el alma
Que despierta cuando brilla el día
Ornando su matices con una armonía
Nimbada de poesía y de amor
Las orquídeas iluminan el alma
Ondulando como bellos pendones.
Al sol revelan toda su elegancia
Que se despierta cuando brilla el día
las orquídeas iluminan el alma
Ornando su matices con una armonía

Nimbada de poesía y de amor
La antesis dibuja sus diagramas
Limitando la armonía en variantes
Las orquídeas iluminan el alma
Nimbada de poesía y de amor
Esculpiendo figuras y contornos
En geometría ebria de sentidos
Perfumando la belleza que inflama
Nimbada de poesía y de amor
limitando la armonía en variantes

Las orquídeas iluminan el alma
Que maravilla a lo largo del día
Delimitando el infinito de una inocencia
Imaginada en su inflorescencia
Las orquídeas iluminan el alma

Tel un trésor transcendant d'amour
Lorsque s'évapore sa fragrance
Qui émerveille le long du jour
Les orchidées illuminent l'âme
Bornant l'infini d'une innocence...

L'orchidée Caleana Major
L'orchidée Psychotria Elata
L'orchidée Anguloa Uniflora

Como tesoro trascendiendo el amor
Cuando se disipa su dulce fragancia
Que maravilla a lo largo del día
Las orquídeas iluminan el alma
Delimitando el infinito de una inocencia...

Orchidée bleue – Orquídea Azul

Pâquerette effeuillée

La pâquerette est effeuillée
Une de plus, une de moins
Un amour entre mes mains
La voici toute dépouillée

Plus que trois pour faire un vœu
Une de plus mon cœur écarlate
Petite fleur si délicate
Vas-tu me faire un bel aveu

Que dis-tu ? Que c'est la dernière
Une de plus finalement
Alors c'est passionnément
Que tu exauceras ma prière...

Lotus - Loto

Maya deshojada

La maya está deshojada
Una más, una menos
Un amor entre mis manos
La he desvestido toda

Tres más para pedir un deseo
Una más de mi escarlata corazón
Pequeña flor tan delicada
Me vas a hacer una confesión

¿Qué dices? Que es el último petalo
Uno más finalmente
A lo mejor es apasionadamente
Que responderás a mi ruego...

Nénuphare - Nenúfar

Les Pissenlits Fleurs du Vent

Petits soleils nés du printemps
Éclats dorés dans les champs
Frêles lanternes aux cœurs légers
Que la brise aime à faire voyager

Rêveurs flottant dans l'azur
Chaque graine est une aventure
Voyageant vers l'inconnu
Sous un ciel d'un bleu absolu

Mal-aimés, mais si gracieux
Libres et forts sous les cieux
Les pissenlits, messagers du vent
Chantent la liberté en s'envolant

Un souffle, et les voilà partis
À la conquête d'un doux pays
Semant l'or au fil du hasard
Transportés jusqu'à l'Alcazar...

Los dientes de león Flores del viento

Pequeños soles nacidos de la primavera
Fragmentos dorados en los campos
Frágiles linternas con corazones ligeros
Que la brisa hace viajar

Soñadores flotando en el azul
Cada semilla es una aventura
Viajando hacia lo desconocido
Bajo un cielo azul absoluto

Mal amados, pero tan graciosos
Libres y fuertes bajo los cielos
Los dientes de león, mensajeros del viento
Cantan la libertad volando

Un soplo de aire y se han ido
A la conquista de un dulce país
Sembrando el oro por casualidad
Transportados hasta el Alcázar...

Au Plumeria constellé

Hendécasyllabe

Un sublime frangipanier se constelle
Jusqu'à la cime tel l'arbre de Noël
Dont la fleur resplendit dans l'obscurité
Telle l'étoile aux pétales de clarté

Les teintes s'imprègnent au ciel niellé
Envoûtant la nuit d'un parfum étoilé
Parmi les leis, des couronnes cultuelles
Sous l'arbre " fleur des temples " et immortel

La constellation du frangipanier
Étincelante dans l'éther printanier
Est l'appel au voyage sensoriel
Couplé d'un paysage émotionnel

Tel un phare dans l'océan de couleurs
Guide l'âme vers la sente du bonheur
L'arôme béni par les divinités
Embaume le monde d'immortalité...

La Plumería constelada

Un sublime frangipán se constela
Hasta la cima como el árbol de Navidad
Cuya flor resplandece en la oscuridad
Como la estrella con pétalos de claridad

Los tonos se impregnan en el cielo ennegrecido
Encantando la noche con un aroma estrellado
Entre los leis, las coronas cultuales
Bajo el árbol "flor de los templos" e inmortal

La constelación del frangipán
Brillante en el éter primaveral
Es la llamada al viaje sensorial
Acoplado de un paisaje emocional

Como un faro en el océano de colores
Guía el alma hacia el sendero de la felicidad
El aroma bendecido por las divinidades
Perfuma el mundo de inmortalidad...

Merveilleux Muguet

Le bonheur n'est peut être qu'un doux parfum de fleurs

Petites mignonnettes
Cueillies au coin d'un bois
Vous offrez vos clochettes
Pour dire encore une fois

Qu'en ce beau jour de fête
Où s'apaisent les cœurs
Le bonheur n'est peut être
Qu'un doux parfum de fleurs

Ce beau jour nous incite
Sous le ciel bleu d'azur
A oublier bien vite
De l'hiver les froidures

Ouvrons grand les fenêtres
Pour l'accueillir, joyeux
Et n'ayons plus en tête
Que de rêver un peu

Aujourd'hui premier Mai
A vous, tous mes amis
Je vous offre un bouquet
De frais muguet fleuri...

Lirio de los valles maravilloso

La felicidad tal vez sea solo un dulce perfume de flores

Pequeñas y encantadoras
En la esquina del bosque recogidas
Ofrecéis vuestras campanillas
Para decir una vez más

Que en este hermoso día de fiesta
Donde se apaciguan los corazones
La felicidad tal vez sea
Solo un dulce perfume de flores

Este bello día nos invita
Bajo un cielo azul y puro
A olvidar muy pronto
Del invierno las heladas

Abramos de par en par las ventanas
Para recibirlo con alegría
Y no tengamos ya en mente
Más que soñar un poco

Hoy, primero de mayo
A todos ustedes, mis amigos
Les ofrezco un ramo
De fresco lirio del valle florido...

Elle et les pivoines

Elle avait une robe où fleurissait, candide
La pivoine en bouquets, et je riais alors
De la voir si jolie. Ma main étreint le vide
Aujourd'hui, et mes yeux la cherchent au-dehors

Mais ils ne trouvent plus sa démarche légère
Qui faisait s'envoler les papillons soyeux
Dans l'azur délicat d'un matin de lumière
Où s'épanouissait son beau rire joyeux.

La pivoine languit au jardin délaissé
Et ses pétales lourds s'effeuillent sur la terre
Rien ne saura guérir mon âme solitaire…

Quand je pense à ce jour où elle m'a laissé,
Je revois le beau rosier de couleur sardoine
Et, au jardin d'été, la splendeur des pivoines…

Ella y las peonías

Ella tenía un vestido donde florecía, candorosa
La peonía en ramos, y entonces yo reía
Al verla tan hermosa. Mi mano abraza el vacío
Hoy, y mis ojos la buscan afuera

Pero ya no encuentran su andar ligero
Que hacía volar las mariposas de seda
En el delicado azul de una mañana luminosa
Donde florecía su jovial risa hermosa

La peonía languidece en el jardín abandonado
Y sus pétalos pesados se desprenden en la tierra
Nada podrá curar mi alma solitaria

Cuando pienso en aquel día en que me dejó
Vuelvo a ver el bello rosal de color sardio
Y en el jardín de verano, el esplendor de las peonías...

Les Pivoines

Dans le jardin baigné de l'aurore
Éclot une mer aux mille roses
Pivoines aux corolles de soie d'or
Bercent le vent de leurs métamorphoses

Leur parfum glisse dans l'air morose
Jusqu'à l'ombre des plantes aflores
Et sous leurs pétales en apothéose
Le temps suspend ses doux accords

Tantôt corail, tantôt nacrée
Elles embrassent l'éclat du jour
Leurs cœurs pleins de vie sacrée
Révèlent un amour en velours

Et lorsque la nuit les caresse
Que s'endort leur éclat vermeil
Les pivoines, en toute noblesse
Rêvent sous le ciel, de soleil...

Las Peonías

En el jardín bañado de aurora
Brota un mar con mil rosas
Peonías con corolas de seda y oro
Mecen el viento con sus metamorfosis

Su perfume flota en aire moroso
Hasta la sombra de plantas aflores
Y bajo sus pétalos en apoteosis
El tiempo suspende sus dulces acordes

A veces coral, a veces nacarada
Abrazan el brillo del día
Sus corazones llenos de vida sagrada
Revelan un amor en terciopelo

Y cuando la noche las acaricia
Que se duerme su brillo rojo
Las peonías, con toda nobleza
Sueñan bajo el cielo, de sol...

Le Géant des Poinsettias

Par une nuit de neige et de glace
Est né au gala des Poinsettias
Un ange baigné par la grâce
Et le ciel a chanté Alléluia

Pour que sa vie soit un poème
Année après année, le temps passe
Un amour qu'il écrira lui-même
Pour qu'à jamais rien ne l'efface

Aujourd'hui il emplit l'espace
D'un anniversaire rouge grenat
Comme la flore des Poinsettias
Par une nuit de neige et de glace

Comme la flore de la Nochebuena
Un géant est né, Guillaume est là
Une étoile bercée par des arpèges
Par une nuit de glace et de neige...

El Gigante de las Poinsettias

En una noche de nieve y hielo
En el gala de las Poinsettias nació
Un ángel bañado por la gracia
Y el cielo cantó Aleluya

Para que su vida sea un poema
Año tras año, el tiempo pasa
Un amor que él mismo escribirá
Para que nada lo borre para todavía

Hoy él llena el espacio
Rojo granate es su aniversario
Como la flora de las Poinsettias
En una noche de nieve y hielo

Como la flora de la Nochebuena
Nació un gigante, Guillermo está allá
Una estrella mecida por el arpegio
En una noche de nieve y hielo…

Grains de Pollen

Villanelle

En suspension, les grains de pollen
Lors de la divine floraison
S'essaiment sur les vastes plaines

A travers les champs d'aubaine
Ils traînent, voguant à foison
En suspension, les grains de pollen

Bercés au vent, vont et viennent
Dans toutes les directions
S'essaiment sur les vastes plaines

Profitant de la bonne aubaine
D'un phénomène, en éclosion
En suspension, les grains de pollen

Vagabondent durant des semaines
Autour du monde, tournent en rond
S'essaiment sur les vastes plaines

Au cœur des univers floribonds
En suspension, les grains de pollen
Qui errent sur le flavescent horizon
Au travers une moisson d'aubaine
S'essaiment sur les vastes plaines...

Granos de Polen

Villanelle

Los granos de polen, en suspensión
Durante la divina floración
Se dispersan en las vastas llanuras

A través de los campos de trigo
Arrastran, navegando en profusión
Los granos de polen, en suspensión

Arrullando en el viento, van y vienen
En todas las direcciones, en desorden
Se dispersan en las vastas llanuras

Aprovechando de la ganancia inesperada
Por un fenómeno, en eclosión
Los granos de polen, en suspensión

Vagabundean por largas semanas
Corren en círculos, alrededor del mundo
Se dispersan en las vastas llanuras

En el seno del universo floreciente
Los granos de polen, en suspensión
Que vagan por el amarillento horizonte
A través de una siega de trigo
Se dispersan en las vastas llanuras...

Le Prunellier

Le pauvre prunellier difforme et rabougri
Humblement se tapit tout le long des rivières
Ou sert d'épouvantail comme garde barrière
Et d'apparence on ne l'aime et partout on le fuit

Ses épines acérées emplissent son simple habit
Et le défendent ainsi des malveillants de la terre
Le pauvre tortu prunellier difforme et rabougri
Humblement se tapit tout le long des rivières

Mais heureux et vaillant lui, le paria honni
Pour ses amis discrets, l'eau le vent et la lumière
Il offre généreux au nez du froid austère
Le premier bouquet blanc et tout d'amour fleuri

Le pauvre tortu prunellier difforme et rabougri...

El Endrino

El pobre endrino deformado y desmirriado
Humildemente se agazapa a lo largo del arroyo esmirriado
Como un espantapájaros o guardabarrera sirve
Y de apariencia no le ama y por todas partes le huye

Sus espinas afiladas llenan su simple follaje
Y le amparan así del malvado terrestre
El pobre torcido endrino deformado y desmirriado
Humildemente se agazapa a lo largo del arroyo esmirriado

Pero feliz y valiente él, paria deshonrado
Para los amigos discretos, agua, luz y viento puro
Ofrece generoso al hocico del frio austero
El primero ramo blanco y todo amor florecido

El pobre torcido endrino deformado y desmirriado...

Une Rose elle fut

Elle fut qu'une rose
Dans des milliers de fleurs
Un peu trop vite éclose
Aux trop belles couleurs

Non la plante de serre
Mais fille d'un rosier
Croissant entre les pierres
Auprès d'un églantier

Sa corolle est orange
Peinte de blanc, de miel
Par la plume d'un ange
Un envoyé du ciel

Secouée par les orages
Par le vent, effeuillée
Dressant avec courage
Ses pétales dorés

Sa robe est déchirée
Par qui voulait la cueillir
Sur sa tige, ployée
Ell' voit la nuit venir

Una rosa fue ella

Solo fue una rosa
Entre miles de flores
Demasiado pronto abierta
De colores demasiado bellos

No la planta de invernadero
Sino hija de un rosal
Que crecía entre las piedras
Junto a un escaramujo

Su corola es naranja
Pintada de blanco, de miel
Por la pluma de un ángel
Un enviado del cielo

Sacudida por las tormentas
Deshojada por el viento
Alzando con valentía
Sus pétalos dorados

Su vestido fue rasgado
Por quien quiso arrancarla
Sobre su tallo, inclinada
Ve la noche llegar

Des larmes de rosée
Ce matin sur son cœur
La tête désolée
Elle penche et se meurt

Ell' n'était qu'une rose
Dans des milliers de fleurs
Un peu trop vite éclose
Aux trop belles couleurs...

Pivoine – Peonía

Lágrimas de rocío
Esta mañana en su corazón
Con la cabeza abatida
Se inclina y muere

Solo fue una rosa
Entre miles de flores
Demasiado pronto abierta
De colores demasiado bellos…

Rose - Rosa

Les Roses sont si belles

Les roses sont si belles
Dans le jardin d'en bas
Chaque jour des nouvelles
Mais toi tu n'es plus là

Toujours des hirondelles
Qui nichent sous le toit
Et puis des tourterelles
Et toi tu n'es plus là

Rangée la balancelle
Je ne m'en servais pas
Démolie la tonnelle
Puisque tu n'es plus là

Tes robes de dentelle
Et tous tes falbalas
Adieu la bagatelle
Car toi tu n'es plus là

Je vais dans la chapelle
Prier les saints de bois
Que la vie est cruelle
Quand toi tu n'es plus là

Les roses sont si belles
Dans le jardin d'en bas

Las Rosas son tan hermosas

Las rosas son tan hermosas
En el jardín de abajo
Cada día de las nuevas
Pero tú acá ya no estás

Siempre hay golondrinas
Que anidan bajo el tejado
Y luego las tórtolas
Y tú acá ya no estás

El balancín está ordenado
No lo he usado
Demolida la pérgola
Porque tú ya que no estás

Tu vestido adorno de puntilla
Y todos tus perifollos
Adiós a la quisquilla
Porque tú ya no estás

Voy a la capilla
Rezar al Espíritu Santo
Que la vida es cruel
Cuando tú ya no estás

Las rosas son tan hermosas
En el jardín de abajo

Chaque jour des nouvelles
Tu ne les verras pas...

Rose bleue – Rosa Azul

Cada día de las nuevas
No las verás...

Sparaxis

Sonnet à la Rose

Effeuillant chaque jour une rose d'espoir
J'ai baptisé d'un prénom la fleur divine
Liant le cœur au pétale grenadine
D'un amour satiné se tissant jusqu'au soir

Au jardin d'Orient s'épanouit notre histoire
Le serment d'un baiser de candeur purpurine
Convole vers Atlas, louange célestine
Tel l'alcyon captif des rivages d'ivoire

Asservir à mon âme dans ces rêves illusoires
Ses lèvres m'ont serti le front tant ces moires
L'ont paré de pureté d'une perle fuchsine

Ton nom aimé s'est rivé en ma mémoire
Où sont sacralisés de centuples vouloirs
Unissant la grâce d'une héroïne...

Soneto a la Rosa

Deshojando cada día una rosa de esperanza
Yo bauticé con un nombre a la flor divina
Uniendo el corazón al pétalo granadina
De un amor satinado tejiendo hasta mañana

En el jardín de Oriente florece nuestra historia
El juramento de un beso de candor púrpura
Convola hacia Atlas, celestial alabanza
Como el alción cautivo de las costas de magia

Someter a mi alma en esos sueños ilusorios
Sus labios me engastaron la frente tanto estos reflejos
Lo adornaron con la pureza de una perla fucsia

Tu querido nombre está fijado en mi memoria
Donde están sacralizados cientos de deseos
Uniendo la gracia de una heroína...

Rose trémière

Un jour d'air frais de frimaire
Le soleil s'éveille et veille
Sur sa terre, la fleur opère

Généreuse, pourtant naïve
Elle laisse flâner son pollen
Coquine, son charme enivre

Le vent, taquin et complice
Trouble les sens d'une abeille
Doute d'un rêve caprice

Hésitant, la curieuse ose
Les coups d'ailes s'enchaînent
Vole vers sa future rose

De faune à flore on explore
Rencontre nouvelle ou Merveille
C'est une occasion en or

De ses pattes délicates
Vient la bête et se promène
Sur ses pétales écarlates

Conquise, la rose trémière
Au pistil au goût de miel
Fit offrande de son anthère...

Malvarrosa

Un día de aire fresco de frimario
El sol se despierta y vela
En su tierra, la flor actua

Generosa, pero ingenua
Deja que su polen se vaya
Traviesa, su encanto embriaga

El viento, burlón y cómplice
Perturba los sentidos de una abeja
Duda de un sueño capricho

Indecisa, la curiosa se atreve
Los golpes de alas se suceden
Vuela hacia su futura rosa

De la fauna a la flora se explora
Encuentra nueva o maravilla
Es una oportunidad de oro

De sus delicadas patas
Viene la bestia y camina
Sobre sus pétalos escarlata

Conquistada, la malvarosa
Con pistilo a sabor a miel
Hizo ofrenda de su antera...

Sparaxis Fleur Caméléon

Dans l'écrin d'un jardin aux douces harmonies
Le Sparaxis s'éveille en robes éclatantes
Mille éclats de lumière en lueurs chatoyantes
Peignant l'onde des vents en vives symphonies

Caméléon des champs, il danse et se décline
Ses pétales tissés de pourpre et de soleil
Telle une flamme vive en un éclat vermeil
Qui épouse les cieux d'une grâce divine

Lorsque l'aube se pose aux rives du printemps
Il s'élève, gracieux, sous le baiser du temps
Jouant des métamorphoses en l'éclat du jour

Sparaxis insaisissable aux couleurs infinies
Reflet d'un univers aux mille synchronies
Elle est la fleur, louant le durable amour...

Sparaxis Flor Camaleón

En el entorno de un jardín con dulces armonías
El Sparaxis despierta con ropajes brillantes
Mil destellos de luz en reflejos vibrantes
Pintando la onda de los vientos en vivas sinfonías

Camaleón del campo, danza y se desliza
Sus pétalos tejidos de púrpura y sol
Como llama ardiente en un fulgor carmesí
Que abraza los cielos con una divina gracia

Cuando el alba se posa en riberas primaverales
Se eleva, gracioso, bajo el beso del tiempo
Jugando con metamorfosis en la luz del día

Sparaxis insaciable con colores infinitos
Reflejo de un universo de mil sincronías
Es la flor que exalta el amor eterno...

Clip à la Tulipe

Je t'aime passionnément par principe
Pareil à un joyeux bouquet de tulipes
Lumineux par la nuance des couleurs
Et la fleur pourpre fait chavirer mon cœur

Corolle panachée, striée, arc en ciel
Les couleurs offrent un langage éternel
Rouge vif, jaune, or, violet se dissipent
Mouvant tableau, vivant en vidéoclip

Dans la lumière où éclate sa splendeur
Ses teintes vives lient un hymne au bonheur
Tel un baiser qui s'étreint jusqu'à ma lippe

Mon amour est un vaste champ de tulipes
Dans chaque pétale se crée l'infini
Un rêve floral qui jamais ne flétrit…

Clip de Tulipán

Te amo por principio con pasión
Como un alegre ramo de tulipanes
Luminoso por el matiz de los colores
Y la flor púrpura me dio un vuelco el corazón

Corola abigarrada, estriada, irisada
Los colores ofrecen un lenguaje eterno
Se disipan rojo intenso, amarillo, oro, violeta
Viviendo en videoclip, moviéndose cuadro

En la luz donde brilla su esplendor
Sus brillantes tonos unen un himno al regocijo
Como un beso que se agarra a mi labio

Mi amor es un vasto campo de tulipanes
En cada pétalo se crea el infinito
Un sueño floral que nunca se marchita...

Rayonnants Tournesols

Les tournesols se dressent fiers sous le ciel
Les pétales dorés sont des sillons de miel
Ils suivent le soleil dans sa course éternelle
Distillant l'été dans chaque arc essentiel

Les tournesols sont des gardiens de la lumière
Répandent bonheur par leur éclat éphémère
Leur cœur mordoré occulte un amour sincère
Contant des récits emplis de vies passagères

Par amour d'Hélios la nymphe d'eau Clytie
En tournesol se transforma en un éclair
Pour suivre du regard le jour son char solaire
Exprimant adoration et empathie

Dans la verdoyance des champs leur splendeur brille
Symbole de loyauté de force tranquille
Ils défient les vents, les pluies et les jours fébriles
Gardant espoir malgré les ombres versatiles

Avec le vent se balancent et s'orientent
Chorégraphie d'or d'une nature vibrante
Les tournesols au fil des saisons captivantes
Embrasent le monde de lueurs rayonnantes...

Radiantes Girasoles

Los girasoles se alzan orgullosos bajo el cielo
Los pétalos dorados son surcos de miel
Siguen al sol en su eterna carrera
Destilando el verano en cada arco esencial

Los girasoles son guardianes de las luces
Esparcen felicidad por su efímero resplandor
Su corazón ennegrecido oculta un sincero amor
Contando historias llenas de vidas temporales

Por amor de Helios la ninfa de agua Clitia
En girasol se convirtió en un rayo
Para seguir con la mirada el día su carroza solar
Expresar adoración y empatía

En la verdor de los campos brilla su esplendor
Símbolo de lealtad de fuerza tranquila
Desafían los vientos, las lluvias y los días febriles
Cuidando la esperanza a pesar de las sombras versátiles

Con el viento se balancean y se orientan
Coreografía de oro de una naturaleza vibrante
Los girasoles en las estaciones cautivadoras
Inflaman el mundo de resplandores radiantes...

Vigne de vie

Brelan, Poésie du XXI

Tout au bord du chemin
Bordé d'arbustes olivéens
Septembre souligne
Les couleurs d'ambre de la vigne

Des traits et des lignes
Rectilignes ou curvilignes
Imprégnés sur les feuilles carmin
Éclipsés du raisin

Quand l'automne roux égratigne
Le velours vert, commun
S'ancre la maladie bénigne
Tout le long du chemin

Chaque grain trépigne
Espérant la vendange, demain
Attendant un signe
Serein, comme la main du destin

Des traits et des lignes
Estampillés d'âmes malignes
Comme ceux de la main
Où l'esprit déborde sur demain

La vie, un insigne
Que l'automne rouille grafigne...

Viña de vida

Berlanga, Poesía del siglo XXI

En la orilla de los caminos
Bordeado de arbustos oliváceos
Septiembre subraya
Los colores de ámbar de la viña

Líneas y trazos
Rectilíneos o curvilíneos
Impregnados en la hoja ecarlata
Eclipsados por la uva

Cuando el otoño rojo rasguña
El terciopelo verde, compartido
Se ancla la enfermedad benigna
A lo largo del camino

Cada grano patalea
Esperando la vendimia, mañana
A la espera de un signo
Sereno, como la mano del destino

Líneas y trazos
Estampillados por alma maligna
Como los de las manos
Donde la mente desborda en mañana

La vida, un emblema
Quel el otoño herrumbroso araña...

Parfum de Violettes

Parfum de violettes parfum d'amour
Aux clairs closeries discrètes de mon cœur
Fleuri un doux bouquet d'émois chaque jour
Émerveillant en moi un tendre bonheur

À l'ombre des verts boqueteaux centenaires
Chaque pétale diffuse aux alentours
Une délicate essence embaumant l'air
Remémorant une romance glamour

Au crépuscule nos corps entrelacés
Sous la lune alliée à notre folie
Parfum de violettes à nos baisers
Berce l'âme au fruit de la mélancolie

Parfum de violettes fleurs adorées
Ton pétale embelli un rêve éprouvé
Un songe corréal aux contrées dorées
Où fleurit l'amour infiniment gravé

Parfum de violettes parfum d'amour
Aux poèmeraies secrètes de mon cœur
Fleurissent des bouquets de soie chaque jour
Éblouissant en soi la lilas splendeur...

poèmeraie : Terrain propice à la culture de poèmes

Fragancia de Violetas

Perfume de amor fragancia de violetas
En los claros y discretos rincones de mi corazón
Florece un dulce ramo de emociones cada días
Maravillándome con una felicidad dulzón

A la sombra de los verdes árboles centenarios
Cada pétalo difunde alrededor
Una delicada esencia exhalando ventos
Rememorando un glamuroso amor

Al atardecer nuestros cuerpos entrelazados
Bajo la luna junto con nuestra alegría
Perfume de violetas a nuestros besos
Acuna el alma al fruto de la melancolía

Fragancia de violetas flores adoradas
Tu pétalo embelleció un sueño probado
Una ensoñación cohesiva a las tierras doradas
Donde florece infinitamente el amor grabado

Perfume de amor fragancia de violetas
En mi corazón el poemario secreto
Florecen ramos de seda cada días
Deslumbrante el lila esplendor en sí mismo...

Zinnia Arc en ciel

Villanelle

Le zinnia fleurit sous l'ardent soleil
Brillant flambeau léger et multicoloré
Qui garde l'été sur ses pétales arc en ciel

Là où vagabonde le vent providentiel
Ses pétales éclatants restent nacrés
Le zinnia fleurit sous l'ardent soleil

Durant des jours, sa floraison émerveille
Et résiste aux frimas, jamais défeuillé
Qui garde l'été sur ses pétales arc en ciel

Sa corolle ardente défie le réveil
Des jours d'automne aux ciels endeuillés
Le zinnia fleurit sous l'ardent soleil

Offrant un bonheur sans pareil
Par la splendeur des coloris variés
Qui garde l'été sur ses pétales arc en ciel

Au jardin, gracieux, il fait merveille
Embellissant le jour d'une beauté veloutée
Le zinnia fleurit sous l'ardent soleil
Qui garde l'été sur ses pétales arc en ciel...

Zinnia Arcoíris

Villanelle

El zinnia florece bajo el ardiente sol
Brillante llama, ligera y multicolor
Que guarda el verano en sus pétalos arcoíris

Donde deambula el viento providencial
Sus pétalos resplandecen nacarados
El zinnia florece bajo el ardiente sol

Durante días, su floración maravilla
Y resiste al frío, jamás marchito
Que guarda el verano en sus pétalos arcoíris

Su corola ardiente desafía el despertar
De los días de otoño con cielos sombríos
El zinnia florece bajo el ardiente sol

Ofreciendo una felIIdad sin igual
Con el esplendor de sus colores variados
Que guarda el verano en sus pétalos arcoíris

En el jardín, gracioso, es un prodigio
Embelleciendo el día con su belleza aterciopelada
El zinnia florece bajo el ardiente sol
Que guarda el verano en sus pétalos arcoíris...

La Rose de Noël

Une rose éternelle
Au décor de Noël
Magie du rose et blanc
D'un tableau envoûtant

Une féerie de neige
Où les flocons assiègent
Un monde rose et blanc
A la pâleur du temps

Les rameaux ouatés
De cristaux argentés
La rose de noël
Se pare de dentelle

Un trésor en hiver
Même sous ciel couvert
Magie du rose et blanc
La fleur au charme antan

La rose de l'oracle
Est née par un miracle
Chacun de ses bourgeons
Présagent les saisons

La Rosa de Navidad

Una rosa eterna
En la decoración de Navidad
Magia del rosa y blanco
De una pintura cautivadora

Una magia de nieve
Donde los copos rodean
Un mundo rosa y blanco
En la palidez del tiempo

Las ramas enguatadas
De cristales plateados
La rosa de Navidad
Se adorna de encaje

Un tesoro en invierno
Incluso bajo el cielo cubierto
Magia del rosa y blanco
La flor con encanto antiguo

La rosa del oráculo
Nació por un milagro
Cada uno de sus yemas
Presagian las temporadas

Une rose éternelle
Qui fleurit à Noël
Étoilant ses pétales
À la nuit hivernale

La rose de Carême
Belle comme un poème
Expose sa beauté
Et pour l'éternité...

Parfum de Violettes
Fragancia de Violetas

Una rosa eterna
Que florece en Navidad
Estrellado por sus pétalos
En la noche inviernal

La rosa de Cuaresma
Hermosa como un poema
Expone su belleza
Y por toda la eternidad...

Rose de Noël
Rosa de Navidad

Calliandra du Nouvel an

Calliandra aux doux éclats
Feu d'artifice en plein hiver
Par sa beauté, tout resplendit
Calliandra aux doux éclats
Sous la brise, son feu brûla
Rouge flamme aux cieux rosis
Calliandra aux doux éclats
Feu d'artifice en plein hiver

Calliandra en tenue de gala
Tisse ses fils de pourpre et d'or
Dans l'aurore sa fleur s'embellit
Calliandra en tenue de gala
Par la brise son odeur s'exhala
Un joyau naturel, rouge trésor
Un bonheur qui illumine la vie
Tisse ses fils de pourpre et d'or

Au nouvel an, son feu nous régala
Sous les étoiles son éclat se dévoila
Calliandra en tenue de gala...

Calliandra del Año Nuevo

Calliandra de dulces destellos
Fuegos artificiales en invierno
Con su belleza, todo resplandece
Calliandra de dulces destellos
Bajo la brisa, su fuego ardió
Llama roja en cielos rosados
Calliandra de dulces destellos
Fuegos artificiales en invierno

Calliandra con gala vestida
Teje sus hilos de púrpura y oro
En la aurora su flor embellece
Calliandra con gala vestida
Por la brisa su aroma exhaló
Un joya natural, rojo tesoro
Una dicha que ilumina la vida alegre
Teje sus hilos de púrpura y oro

En Año Nuevo, su fuego nos deslumbró
Bajo las estrellas su brillo se reveló
Calliandra con gala vestida...

Bibliographie

EFL est passionné par la poésie depuis longtemps avant de publier le recueil intitulé Floréal, Au Paradis des Fleurs.
Toujours plongé dans l'écriture, il aime inventer des poèmes pour partager avec ses lecteurs, sa passion, son humour, son imagination afin de faire vibrer le cœur et l'esprit.
Il a passé sa jeunesse à voyager et a remporté de nombreux prix à des concours.
Aujourd'hui EFL participe à des blogs de poésie en France et en Espagne, effectue des poèmes bilingues en duo et aide d'autres poètes, en les conseillant sur l'écriture, la publication et la promotion de leur recueil ou nouvelle littéraire.
En bref, partager l'inventivité de ses "*coups de cœur*" est aussi de cultiver ses "*coups de génie*"...

Calliandra

Bibliografía

EFL ha sentido pasión por la poesía desde hace mucho tiempo, antes de publicar su colección titulada Floreal, Paraíso de las Flores.
Siempre sumergido en la escritura, le encanta inventar poemas para compartir con sus lectores su pasión, su humor y su imaginación, con el fin de hacer vibrar el corazón y la mente. Pasó su juventud viajando y ha ganado numerosos premios en concursos.
Hoy en día, EFL participa en blogs de poesía en Francia y España, escribe poemas bilingües en dúo y ayuda a otros poetas, asesorándolos en la escritura, la publicación y la promoción de sus colecciones o novelas literarias. En resumen, compartir la creatividad de sus *"golpes de corazón"* es también cultivar sus *"golpes de genio"*...

Rose trémière - Malvarrosa

Index - Índice

Au petit jour qui perlait..8
Al pequeño día que perlaba..9
Je suis... au paradis des fleurs..10
Estoy... en el paraíso de las flores..11
Symphonie des fleurs d'été..12
Sinfonía de las flores de verano..13
J'ai cueilli...14
He recogido..15
Vive les couleurs..16
Viva los colores...17
L'Accacia en fleur..18
Accacia en flor..19
Albizia emparadisé...20
Albizia en el eldorado...21
Amborella séculaire..24
Amborella secular..25
Passionnément Anémone...26
Apasionadamente Anémona...27
Les Arums Pureté d'Ivoire...30
La Cala blanca Pureza de Marfil..31
Bégonia d'amour..32
Begonia de amor...33
Aux Nuées de Bleuets..34
A las Nubes de Acianos..35
Les Boutons d'or..36
El Botón de oro...37
Captivantes Capucines...38
Cautivadoras Capuchinas...39

Cœur de Marie Cœur en sucre..42
Corazón sangrante Corazón de azúcar...................................43
Cerisier...46
Cerezo..47
L'envolée des fleurs de cerisier..48
El vuelo de las flores de cerezo..49
Chrysanthème...50
Crisantemo..51
J'ai déposé des Chrysanthèmes..52
He depositado Crisantemos...53
Cyclamen, splendeur des bois..54
Ciclamen, esplendor del bosque..55
Clématite « Étoile Violette »..56
Clemátide « Estrella Violeta »...57
Rondeau des Colchiques...60
Rondel por los Cólquicos...61
Rondeau des Coquelicots..62
Rondó de las Amapolas...63
À l'encre des rouges coquelicots...64
Con la tinta de las rojas amapolas..65
Les Coronilles, Messagères d'Amour......................................66
Las Coronillas, Mensajeras del Amor.....................................67
Dalhia, rien qu'un peu..68
Dalhia, nada más que un poco...69
Edelweiss, Étoile des Sommets..72
Edelweiss, Estrella de las Cumbres...73
Églantines Tourmalines..74
Zarzarrosas Turmalinas...75
Fleurs d'ombre..76
Flores de sombra...77
Fleur sauvage..78
Flor salvaje..79

Autant en emporte la feuille..80
Lo que la hoja se llevó..81
Les Genêts..82
Los Brezos...83
Des Gentianes à Diane..84
Gencianas a Diana...85
Sonnet au Géranium...86
Soneto del Geranio...87
Fleurs perlées des Giroflées..88
Flores perladas de Alhelíes...89
La Glycine..90
La Glicinia...91
Sonnet à l'Hibiscus..92
Soneto al Hibisco..93
Les Iris...94
Los Iris..95
Jacinthe aux Trois Couleurs..96
Jacinto de Tres Colores..97
Jonquille d'avril..98
Narciso de abril..99
Lauriers Roses aux Fleurs doubles......................................100
Adelfas Rosas de Flores Dobles..101
Lavande aux teintes de crépuscule....................................102
Lavanda en tonos de crepúsculo.......................................103
Lilas..104
Lilas..105
Variés Liserons...106
Variadas Correhuelas...107
Lotus Sacré...108
Loto Sagrado..109
À la Grâce du Magnolia..110
A la Gracia del Magnolio..111

Mimosas d'Avril	114
Mimosas de Abril	115
Narcisses	118
Narcisos	119
Rondeau des Nénuphars	120
Rondel de los Nenúfares	121
Les Némophiles « Blue eyes »	122
Los Nemófilos « Blue eyes »	123
Les Orchidées ont une âme	124
Las Orquídeas tienen una alma	125
Pâquerette effeuillée	128
Maya deshojada	129
Les Pissenlits Fleurs du Vent	130
Los Dientes de León Flores del Viento	131
Au Plumeria constellé	132
La Plumería constelada	133
Merveilleux Muguet	134
Lirio de los valles Maravilloso	135
Elle et les Pivoines	136
Ella y las Peonías	137
Les Pivoines	138
Las Peonías	139
Le Géant des Poinsettias	140
El Gigante de las Poinsettias	141
Grain de Pollen	142
Grano de Polen	143
Le Prunelier	144
El Endrino	145
Une Rose elle fut	146
Una Rosa fue ella	147
Les Roses sont si belles	150
Las Rosas son tan hermosas	151

Sonnet à la Rose	154
Soneto a la Rosa	155
Rose Trémière	156
Malvarrosa	157
Sparaxis Fleur caméléon	158
Sparaxis Flor camaleón	159
Clip à la Tulipe	160
Clip del Tulipán	161
Rayonnants Tournesols	162
Radiantes Girasoles	163
Vigne de vie	164
Viña de vida	165
Parfum de Violettes	166
Fragancia de Violetas	167
Zinnia Arc en ciel	168
Zinnia Arcoíris	169
La Rose de Noël	170
La Rosa de Navidad	171
Calliandra du Nouvel An	174
Calliandra del Año Nuevo	175
Bibliographie	176
Bibliografía	177
Index - Índice	178
Synopsis	184
Sinopsis	185

Silène d'Ifach – Silene Ifacensis

Synopsis

L'œuvre d'EFL apporte la **poétique florale** qui est une approche artistique et littéraire explorant la beauté, la symbolique et l'émotion véhiculées par les fleurs dans la poésie. Elle inclut des métaphores florales, des descriptions évocatrices de paysages fleuris et des références aux cycles de la nature pour exprimer des sentiments ou des idées profondes relatives à l'être humain.

Au sens large, la **poétique florale** désigne une esthétique qui s'inspire des fleurs dans divers domaines comme la peinture, la musique, la littérature ou même la vie de tous les jours évoquant ainsi la délicatesse, l'harmonie, l'éphémère, l'espoir et la renaissance.

Les principaux thèmes sont :

Nature et fleurs : L'œuvre célèbre la beauté des fleurs et leur lien avec la nature, en explorant leur symbolisme, leurs couleurs, leurs parfums et leur rôle dans différentes cultures et saisons.

Amour et émotions : De nombreux poèmes abordent l'amour, la passion, la mélancolie et l'espoir, en utilisant les fleurs comme métaphores pour exprimer des sentiments profonds.

Spiritualité et transcendance : On explore la connexion spirituelle entre l'être humain et la nature, en mettant en évidence la pureté, l'harmonie et l'immortalité que représentent les fleurs.

Sinopsis

La obra de EFL aporta la **poética floral**, que es un enfoque artístico y literario que explora la belleza, la simbología y la emoción transmitidas por las flores en la poesía. Incluye metáforas florales, descripciones evocadoras de paisajes florecidos y referencias a los ciclos de la naturaleza para expresar sentimientos o ideas profundas relacionadas con el ser humano.

En un sentido amplio, la **poética floral** se refiere a una estética inspirada en las flores en diversos ámbitos como la pintura, la música, la literatura e incluso la vida cotidiana, evocando así la delicadeza, la armonía, lo efímero, la esperanza y el renacimiento.

Los principales temas son :

Naturaleza y flores : La obra celebra la belleza de las flores y su vínculo con la naturaleza, explorando su simbolismo, sus colores, sus perfumes y su papel en diversas culturas y estaciones.

Amor y emociones : Muchos poemas abordan el amor, la pasión, la melancolía y la esperanza, utilizando las flores como metáforas para expresar sentimientos profundos.

Espiritualidad y trascendencia : Se explora la conexión espiritual entre el ser humano y la naturaleza, destacando la pureza, la armonía y la inmortalidad que representan las flores.

Cycle de la vie : Les poèmes reflètent le passage du temps, le changement des saisons et la fugacité de l'existence, en utilisant les fleurs comme symbole de l'éphémère et de l'éternel.

Art et créativité : la poésie est présentée comme un moyen d'exprimer la beauté et la créativité, avec des références à la peinture, la musique et la littérature.

Style et Structure Poétique :Les poèmes présentent une diversité de styles et de structures, allant du vers libre aux formes plus traditionnelles. La musicalité et le rythme sont des éléments clés pour transmettre les émotions...

Ciclo de la vida : Los poemas reflejan el paso del tiempo, el cambio de las estaciones y la fugacidad de la existencia, utilizando las flores como símbolo de lo efímero y lo eterno.
Arte y creatividad : La poesía se presenta como un medio para expresar la belleza y la creatividad, con referencias a la pintura, la música y la literatura.
Estilo y estructura poética : Los poemas presentan una diversidad de estilos y estructuras, desde el verso libre hasta formas más tradicionales. La musicalidad y el ritmo son elementos clave para transmitir las emociones...

Tous nos livres sont imprimés
dans les règles environnementales les plus strictes
Todos nuestros libros se imprimen
siguiendo las normas ambientales más estrictas.

© 2025 EFL
© 2025 Edmond Frédéric Largeau
EFL est un pseudo pour les initiales de
EFL es un seudónimo que representa sus iniciales
Edmond **F**rédéric **L**argeau

ISBN : 978-2-3225-5521-5

Achevé d'imprimer en Mai 2025
Terminado de imprimir en Mayo de 2025
Dépôt légal: Mai 2025
Depósito legal: Mayo de 2025